A vrcê

cuja vida é uma bela história, deixo meu abraço e ofereço esse baú, cheio de carinho e de historietas do meu coração.
Desejo que o meu coração sente junto à lareira do seu e brinquemos de contar histórias.

O autor

LAURO TREVISAN

Historietas do Baú Do Meu Coração

EDITORA DA mente

Copyright by Lauro Trevisan
Lançamento: setembro 2002, pela Editora da Mente
Capa: Publicitá/Sul
Ilustrações: Simone Rosa
Direitos Reservados: pode transcrever textos isolados,
desde que cite a obra e o autor.

EDITORA DA mente

Pedidos: Editora e Distribuidora da Mente
Rua Tuiuti, 1677 – C. Postal 955
97015-663 – Santa Maria – RS – Brasil
Fone: (0**55) 223.0202
Fax: (0**55) 221.7184
E-mail: mente@laurotrevisan.com.br
Internet: www.laurotrevisan.com.br

Lauro Trevisan

CONTANDO HISTÓRIAS

É tão gostoso ouvir e ler histórias, que até a origem do mundo e da humanidade nos veio de histórias. Já os primitivos se reuniam em torno da fogueira para ouvir histórias.

Depois surgiram os sábios a contar as histórias das tragédias gregas.

E as histórias teatrais se difundiram pelo mundo, só superadas pelo cinema e pela televisão.

Jesus foi considerado o maior contador de histórias.

Você, de criança, adormecia muitas vezes ouvindo histórias. Aliás, a sua vida é uma impressionante história que, como você diz, merecia um livro.

Às vezes, uma simples frase já é uma historieta como o caso daquele galo orgulhoso que se dizia descendente do ovo de Colombo. Tem também a historieta daquele homem avarento que, quando via luz no fim do túnel, a apagava para poupar energia elétrica.

Gosto de inventar histórias. Elas me divertem e, ao mesmo tempo, me permitem transmitir, de maneira agradável e atrativa, mensagens que se gravam no coração das pessoas.

As historietas desse livro foram criadas por mim, com exceção de quatro ou cinco, às quais apenas dei roupagem especial, com maquiagem do meu gosto.

Fique à vontade com essas HISTORIETAS DO BAÚ DO MEU CORAÇÃO. Ao final de cada uma, deixei uma lição, mas você terá oportunidade de criar outras conclusões que lhe dizem mais respeito.

Bom proveito. E boa leitura.

Seu amigo Lauro, contador dessas historietas.

Lauro Trevisan

1 A MÍDIA ENTREVISTA DEUS

Finalmente, a mídia conseguiu uma entrevista com Deus.

Na hora marcada – Deus nunca atrasa - lá estava o Criador sentado no seu trono, bem-humorado, apreciando prazerosamente os atropelos de repórteres, cinegrafistas, fotógrafos, radialistas, jornalistas e curiosos, cada qual tentando enfiar seu microfone o mais perto possível da boca divina, como se fosse a oferenda de um picolé.

Logo atrás, um batalhão de marqueteiros, ostentando seus logotipos famosos, na esperança de que Deus os citasse na entrevista.

E não faltaram os fãs de carteirinha, gritando: "Deus é Dez", "Deus é Fiel", "Deus é o Maior" "Deus Aqui e Debaixo D´água".

Até torcedores fanáticos lá estavam pedindo pelo menos um campeonatozinho para seu time. E argumentavam: "Se o São Caetano levou aquele time até lá, por que tu, que és Deus, não podes dar-nos um campeonato?"

Depois de muito empurra-empurra, veio o apoio logístico da Milícia Celeste e fez-se a ordem e o silêncio.

Aproveitando o vazio silencioso, saltou a primeira pergunta, de um apresentador humorístico de televisão:

- Conta-nos, Deus, o que mais te diverte nos homens?

Deus espraiou um largo sorriso e respondeu:

- Vocês, homens e mulheres, são realmente mui-

Historietas do Baú do Meu Coração

to engraçados e esquisitos: quando são crianças querem ser grandes e quando são grandes querem ser crianças novamente; gastam a saúde para ganhar dinheiro e depois gastam o dinheiro para recuperar a saúde; queixam-se da vida, mas fazem de tudo para viver mais tempo; pedem-me muito juízo, mas esquecem de usá-lo; pregam o sacrifício, mas preferem o prazer; estudam e se preparam para o futuro, mas deixam de viver o presente; quando solteiros, querem casar e quando casados querem ser solteiros; se passam fome, querem comida para engordar e se engordam passam fome para emagrecer; a mulher casa com o homem pensando que vai mudá-lo e o homem casa com a mulher na esperança de que ela não mude; não vivem de tanto trabalhar para viver; gastam metade da vida para serem felizes e gastam a outra metade para saber porque não são felizes; passam o tempo criando sofrimentos e depois me pedindo que afaste as dores; lutam a vida inteira para ter uma casa maior num terreno maior e acabam sempre numa casa e terreno do tamanho do próprio corpo; vivem dizendo que eu sou bom mas não param de se queixar de mim; acabam com a saúde e depois se queixam da falta dela; condenam a riqueza, mas adoram a condenação; pedem paz, mas fazem a guerra; comem até engordar e depois deixam de comer até emagrecer; dormem para refazer energias e gastam energias para não dormir; vivem no passado e no futuro, mas se queixando do presente. Realmente, vocês, humanos, são muito divertidos.

De repente, ouve-se um estrondo pesado e Deus interrompe a entrevista:

- Desculpem, sou forçado a encerrar a entrevista.
- O que houve, Senhor? – perguntou o repórter mais afoito.
- Acabaram com as florestas e agora me chamam com urgência para resolver o problema de uma enchente devastadora. Esses humanos!

Lição: Cada um colhe o que semeia.

2 AS FÉRIAS DO HOMEM

O homem entrou de férias e resolveu ficar em casa. Entre quatro paredes. Turismo doméstico. Divertindo-se entre pratos de pipoca e televisão.

Para ele, pipoca e tevê iam melhor que viagem a Paris com escala em San Remo.

Às vezes, ficava ele tão afoito e agitado na frente da telinha, que apertava o controle remoto da pipoca e comia o botão da tevê.

Coisa osca, todo santo dia a televisão fervia de

Historietas do Baú do Meu Coração

tanto funcionar. Os locutores de noticiário já estavam de língua de fora e o homem não desligava aquele trambejo nem para atender às exigências inadiáveis do seu corpo. Também, pudera! Estava de férias, ora! Além do mais, ninguém tinha nada que ver com a vida dele. A não a ser a mulher que, vez por outra, xingava o vivente:

– Sai dessa cadeira, homem de Deus! Vai fazer qualquer coisa.

– Já estou fazendo. Para mim, qualquer coisa é tevê e pipoca.

No outro dia, apareceu o cunhado para convidá-lo a uma pescaria.

– Dá pra levar pipoca e televisão?

– Lá não tem luz - respondeu o cunhado.

– Então, negativo. Pode se mandar, que o filho do meu pai não entra nessa.

De noite, era aquele frege: a mulher queria ver a novela, ele queria futebol e pipoca, a filha estava ligada num seriado e o marmanjo de dezoito anos brigava pelo canal das músicas de sua preferência. Armava-se um arranca-rabo daqueles! Pior que o programa do Ratinho.

Mas, o homem não perdia a autoridade e nem a televisão: dava a antena para a mulher, o botão do volume para o marmanjo, o transformador 110-220 para a guria e lá ficava ele dono do campinho, senhor paxá das arábias, cacique de três índios.

Um dia, faltou pipoca. Foi um deus-nos-acuda! Deu um faniquito tão sério no homem que, se não importassem pipoca às pressas, ao dólar do câmbio negro, esse

Lauro Trevisan

câmbio que anda solto por aí, o homem batia as botas, no duro. Mas veio a pipoca e estava salva a pátria.

Quando o padre entrou para benzer a casa, a primeira coisa que o homem pediu foi uma bênção especial para que a tevê também alcançasse vida eterna.

E aquela vez que a vizinha foi pedir sal, o homem respondeu sem sacar os olhos da tevê:

- Se quer sol, vá à praia!
- Çal, homem de Deus, çal com cecedilha!
- Çal com ce cedilha só existe no seu dicionário. Não me amole.
- Então me dá um pouco de banha.
- Não tenho porco de campanha e nem de cidade. Por favor, vai ver se eu estou lá fora e não me torre a paciência!

- Que homem doido! – resmungou a mulher e se foi embora.

- Que mulher chata!– bronqueou ele, irritado por ter perdido trinta segundos de televisão.

Mas, como tudo na vida, as férias acabaram, a pipoca foi para a prateleira, a tevê silenciou e o homem novamente criou juízo.

Lição: Não seja escravo de nada.

3 VINTE E QUATRO HORAS DE VIDA

O homem entrou no consultório.
- Então, doutor, qual é o diagnóstico?
- Um dia de vida – respondeu o cirurgião, mecanicamente, como se estivesse dando receita culinária.
O homem arregalou os olhos e quase desabou.
- Exagero, doutor! - inconformou-se ele. – Que é que eu faço com um dia de vida, me diga?!
- Faça o que quiser. Não tenho como mudar o veredicto.
- O senhor endoideceu?! Como pode falar uma coisa dessas?! Está dizendo que amanhã às dezoito horas estarei vestindo paletó de madeira?! Pare com essa brincadeira de mau gosto. Se vivi até aqui, com certeza viverei ainda por muitos anos, muitos anos, ouviu bem?
- Se eu fosse você - ponderou pausadamente o médico, degustando um charuto cubano - mediria a vida não em anos, mas em minutos.
- Doutor, o senhor já está me irritando. Que humor mais macabro!

Lauro Trevisan

O médico tomou os exames, abriu-os sobre a mesa e apontou com o indicador para uma mancha bem pronunciada naquele mapa humano.

- Aqui.

- Aqui o quê? – inquietou-se o homem.

- A bomba que vai explodir dentro de vinte e quatro horas.

O paciente coçou nervosamente a cabeça e vociferou:

- Não tem outra coisa para me dizer?

- Meus pêsames! – arrematou suavemente o cirurgião.

O homem saiu do consultório com forte enjôo, que subia e descia desatinadamente pelas paredes do estômago.

Sentou num banco do shopping para tomar ar e refletir sobre a vida: "Um dia. Apenas um dia. Nada mais que um dia. Logo comigo! Não podia ser com outra pessoa? Um bandido inútil? Um suicida? Pelo menos um velhinho de cem anos de idade?! Por que eu?! E não é um ano. Nem mesmo um mês. Nem uma semaninha sequer! Um dia! Vinte e quatro horas! Se desse para transferir esse dia lá para o final do ano 2.020, ainda vá. Mas, amanhã?! Às dezoito horas?! Em ponto ou mais ou menos? Eu, debaixo da terra?! Sem respirar?! Sem poder me mexer?! Não é possível! Tanto esforço na vida, tantas dificuldades, tantos anos sem férias, tantas brigas e separações, tanta luta para arrumar aquele dinheirinho para a aposentadoria... e agora?! Faço o quê com tudo isso? Enfio aonde?"

Aos poucos, o homem foi acalmando a mente e,

Historietas do Baú do Meu Coração

ao invés de afligir-se com o passado, passou a indagar-se o que fazer com essas vinte e quatro horas que lhe foram dadas.

A primeira idéia que lhe ocorreu foi voar para seu escritório a fim de organizar as compras e pagamentos do dia. De repente, caiu em si e explodiu uma gigantesca gargalhada nervosa. Sim, de que serviria para ele ficar metido na papelada do escritório ou ir discutir com o vizinho a localização do muro, justo agora que só dispunha de vinte e três horas de vida? Fazer o quê?

Olhou para o fatídico relógio e pensou num jantar de primeira linha, com os pratos que sempre deixou para quando fosse mais rico, com aquele vinho de emocionar o estômago. Nem a sobremesa pouparia e havia de ser exatamente aquela que lhe dava água na boca mas que, por economia, renunciava. Em seguida, uma dança, claro, como prelibação do prazer. Mas, dançar com quem? E o prazer, com quem? Com a mulher dos seus sonhos, ora! E lhe diria tudo o que teve vontade de lhe dizer e não disse; e lhe pediria mil desculpas por não ter sido exatamente como deveria; e a abraçaria por todas as vezes que não a abraçou.

Então, uma reza para estar em paz com Deus e o mundo.

E o resto do tempo? Bem, o resto do tempo era tratar de ser feliz e feliz e feliz e feliz.

Lição: Não precisa esperar pelas últimas vinte e quatro horas para fazer o que mais deseja na vida.

Lauro Trevisan

4 AS DUAS FLORES

Era uma vez, uma flor, criada no jardim, com todos os cuidados e com o maior carinho. Recebeu proteção contra as intempéries, as chuvas, os ventos e o sol escaldante.

Feliz e reconhecida por tantas atenções, a flor abriu-se de par em par, mostrando sua beleza, sua exuberância e sua vitalidade.

Desde logo, exalou inebriante perfume, cativando, com amor, as pessoas que lhe deram afeição e a protegeram nas várias etapas do seu crescimento.

Lá, para muito além do jardim, no descampado do campo, despontava outra flor, vivendo aberta para a vida, exibindo alegre e vistoso colorido e exalando perfume silvestre e envolvente.

Criada por conta, enfrentou, corajosa, ventos impetuosos, tempestades violentas, frios de encolher e sol causticante, que muito lhe serviram para fortalecer sua garra indomável e levá-la ao sucesso, como estrela viva daquele céu verde assentado na terra.

Era admirável ver a alegria dessa flor, feliz por ter vencido as adversidades, por sua própria determinação e talento. Lá no meio da imensidão do campo, não tinha como contar com alguém, a não ser um ou outro inseto carinhoso e algum pássaro solitário que desfrutava da sua beleza e do seu perfume.

O sábio passou por lá, viu as duas flores desenvolvidas em ambientes diversos, mas ambas radiantes, e concluiu que assim é a vida: seja qual for a situação e as condições, o amor sempre faz a beleza e o encanto da existência.

     Lição: Não há situação desfavorável para quem ama.

5 DISCURSOS

     Aquele estudioso queria saber tudo sobre tudo. E se indagava quem seria responsável pela vida.

     Foi ouvir Freud e aprendeu que a culpa dos nossos traumas pertence aos pais.

     Entrou numa igreja e ouviu a pregação de que a culpa é originária de Adão e Eva.

     Foi ao Comitê Filosófico de Marx e ficou sabendo que a culpa era da classe dominante.

     Participou de um Congresso Existencialista e descobriu que a culpa é de Deus que fez do homem um projeto inacabado.

Sentou-se na praça a meditar.

Casualmente, lá estava um orador, que atiçava a inteligência dos ouvintes.

"Se uma gata – dizia ele - dá cria num forno de pães, nascem pãezinhos ou gatinhos?

O estudante levou um choque.

Saiu daí e foi sentar-se à beira de um riacho, a refletir sobre as diversas concepções humanas. Após longa concentração, concluiu que, na verdade, cada qual é responsável por si e pela sua vida.

Lição: Você é sua vida e seus resultados.

6 OS CAMINHOS DA RAIVA

Naquele final de tarde, o homem voltava para casa com uma raiva abrasadora contra seu vizinho.

Inquieto, agitado, vermelho como pitanga, decidiu-se a compartilhar sua raiva com o vizinho e a raiva passou.

Tempos depois, sentiu irreprimível raiva de um velho inimigo. Não quis, de forma alguma, partilhar com ele seu sentimento e a raiva aumentou. Cresceu tanto que deu cria. Nasceram, dessa raiva, uma úlcera, duas enxaquecas e três problemas no estômago.

Lição: Não há nada que um diálogo não resolva.

7 O ELEFANTE E A ABELHINHA

Havia um elefante gigantesco, pesadão, forte, que se julgava dono do mundo. Tratava os outros animais com desdém, ameaçando-os com sua pata poderosa e com sua tromba rija.

Era um elefante orgulhoso e tirano.

Ninguém ousava desobedecê-lo, pois com uma patada seria jogado ao beleléu.

Os bichinhos mais franzinos nem sequer se aproximavam, com medo de virarem pó.

O elefante sentia-se o todo-poderoso dos campos e das florestas. Até o leão evitava entrar no seu território.

A coisa estava se tornando insuportável, de tal modo que, por sugestão do grilo, foi marcada uma reunião secreta a fim de se decidir o que fazer nessa situação, para que todos pudessem viver livremente.

Na hora aprazada, mais de duzentos bichinhos estavam presentes.

Muitas idéias foram aventadas, mas sempre es-

Lauro Trevisan

barravam na força e no tamanho do elefante.

Até que uma abelhinha sisuda, que ouvia tudo com atenção lá no seu cantinho, pediu a palavra.

Os demais bichos mal puderam conter o riso, pois o que poderia dizer uma reles abelhinha, menor do que uma unha do elefante?!

- Eu tenho a solução. Não se examina a força do adversário, mas o seu ponto fraco. Deixem-me usar minha estratégia e depois conversaremos.

Todos concordaram e a abelhinha ficou encarregada de desbancar o elefante.

No dia seguinte, a abelhinha foi ter com o elefante. Este mostrou-se extremamente mal-humorado e ameaçou esmagar aquele minúsculo bichinho.

- Experimente – gritou a abelha - e você vai ver o que é bom, seu elefante mal-encarado!. Você é grande e forte, mas eu sou mais inteligente e posso acabar com sua soberba.

- Saia daqui, miserável! – xingou o elefante - senão faço você virar pó!

No mesmo instante, a abelhinha voou como uma bala até o olho esquerdo do animal e deu-lhe uma picada. Em seguida, enquanto o animal berrava de dor, aproveitou-se para entrar na enorme orelha e foi invadindo aquele túnel até atingir o ponto mais delicado, aí fazendo estragos, arranhando, cutucando, picando, zoando a plenos pulmões.

O elefante pulava, gritava, tentava enfiar a tromba orelha a dentro, sem êxito.

Não agüentando mais tanto sofrimento, implorou que a abelha o deixasse em paz.
- Promete nunca mais incomodar os bichinhos da floresta?
- Prometo. Prometo. Saia daí de uma vez que não suporto mais!
- Então, estamos combinados.
E a abelha retirou-se da orelha do elefante e foi levar a grande notícia aos habitantes da floresta.
Lição: Tamanho não é documento.

8 O REI PODEROSO

Era um rei todo-poderoso, forte, destemido, que prezava acima de tudo sua autoridade.
A força do seu poder era a medida do seu agir.
Jamais podia deixar de impor sua autoridade, sob pena de sentir-se fracassado na vida.
Seus pais buscavam encaminhá-lo para a realização amorosa, para encontrar o Amor da sua vida, mas ele

não aceitava nada que lhe diminuísse a autoridade absoluta.

Seu cetro caía duramente sobre o reino, castigando, impondo, exigindo.

Não cedia a nenhum sentimento de amor, porque este lhe roubaria a força e a autoridade.

Admirava-se, no entanto, que os cidadãos não louvassem sua bondade, já que tudo fazia para a grandeza do reino e dos cidadãos.

Um belo dia, foi deposto e nunca entendeu porque um povo, pelo qual tinha dado cada minuto da sua vida, o depusera.

Lição: Quem nunca amou, não pode ser bom.

9 A FADA BRINCALHONA

Era uma vez uma fada, que sentia o maior prazer em causar belas surpresas às pessoas,

Se uma lontra cravasse um espinho no pé, lá esta-

Historietas do Baú do Meu Coração

ria a Fada para retirar-lhe o empecilho doído. Se um lenhador se ferisse com o machado, a compassiva Fada tratava de imediatamente levar lenitivo ao ferimento. Se uma criança caísse e chorasse de dor, a meiga Fada punha-lhe a mão e a dor sumia.

Era uma Fada muito benquista, admirada e amada por todos. Aliás, por todos não. Havia um homem, chamado Brutamontes, que não suportava a bondade e o prestígio da Fada. Passava o tempo todo tentando menosprezá-la e ridicularizá-la.

Certo dia, Brutamontes caiu no rio e, no desespero, gritou pela Fada, que, num instante, o socorreu e o salvou. Mas Brutamontes sequer agradeceu-lhe. Pelo contrário, zombou:

- Não pense que foi você que me salvou. Fui eu mesmo, por minhas próprias forças, entendeu?

A Fada sorriu complacente e desapareceu.

Não se passou muito tempo e Brutamontes caiu num poço seco, no fundo de sua propriedade. Por mais que gritasse, ninguém o escutava.

Passaram-se horas e o homem relutava em pedir socorro à Fada. Lembrava-se muito bem do que dissera a ela quando o salvou do afogamento.

A noite se aproximava e o pavor tomou conta do homem. Não teve outra saída senão apelar novamente para o auxílio da Fada.

A Fada ouviu o chamado, sorriu, e resolveu deixar o homem penar um pouquinho para aprender a lição.

Brutamontes implorava socorro, prometia mudar de vida, melhorar seu relacionamento com as famílias do povoado, oferecia tudo, enfim.

Lá pelas tantas da madrugada, a Fada, por fim, o salvou. E Brutamontes nunca havia dado um abraço tão forte e agradecido como naquele momento.

Lição: O que despreza hoje, pode precisar amanhã.

10 O HERÓI MIGUELITO

Miguelito era um homem valente, ousado, capaz de enfrentar desafios e perigos.

Certa feita, perdeu-se na floresta, com a mulher e dois filhos menores, e teve de enfrentar um leão furioso e faminto.

Miguelito meteu-se corajosamente à frente da família, pegou pesado pedaço de pau e com a destreza e o vigor de um herói, conseguiu defender-se dos ímpetos do animal, até que conseguiu acertar uma cacetada mortífera na testa do felino, que tonteou, rodopiou, mas voltou a atacar, em desespero de causa. Cravou as unhas no peito de Miguelito, quase o levando a nocaute.

Embora sangrando, Miguelito conseguiu erguer o cacete e deitou a marretada de misericórdia na face do animal, que cambaleou e morreu.

Todo o povoado cantou o feito de Miguelito, o herói.

O tempo foi passando e Miguelito tornou-se cada vez mais triste, em face dos problemas e dificuldades da vida.

Hoje, o heróico vencedor da batalha leonina, jaz na cama, abatido por invencível depressão.

O povo olha pela janela da casa e exclama condoído:

- Pobre Miguelito!

Lição: Maior herói é o que vence a si mesmo.

11 O PAVÃO E O ESPANADOR

Era um pavão muito cheio de si. Orgulhoso como ele só.

Separado dos outros bichos, passeava de cauda aberta em largo leque, mostrando a superioridade da sua beleza.

Lauro Trevisan

Olhava com desdém para as galinhas com aquele rabo insignificante. Nem mesmo o galo, com sua cauda mais alçada e colorida, lhe balançava a soberba.

- Eu sou o maior e o melhor. Sou o rei da beleza. Graças a Deus que não sou como esses galináceos horríveis.

A jovem galinha aproximou-se da mãe e lamentou sua roupagem tão simples, em comparação com a vasta cauda colorida e pomposa do pavão.

- É, minha filha – disse a mãe – mas logo mais ela vai virar espanador.

Lição: Para fazer brilhar a sua estrela não precisa apagar a dos outros.

12 O CONDENADO

- Você está condenado – disse o juiz.
- Mas eu sou inocente!
- Está mais condenado que lambari em cardume de piranhas.
- Ah, meu São Judas Tadeu dos Casos Desesperados! Minha Nossa Senhora Desata Nós! Meu Anjo Quebra-galho!
- Não adianta invocar nem todos os santos da Folhinha e as cortes celestiais, porque não tem jeito. Você vai para a forca.

O condenado não se conformava e não aceitava o veredicto, alegando que era mais inocente que a Santa Virgem Maria.

Historietas do Baú do Meu Coração

Defendia-se ele:

- É uma injustiça infame que estão cometendo contra mim. Um crime que brada aos céus. Sou inocente e gritarei até o último instante que sou vítima da maldade cruel da humanidade ignara.

Ninguém queria ouvir o homem.

O juiz também denotava uma certa má vontade em relação ao caso e, para que todo o povo admitisse que o homem devia ser morto, falou:

- Todos sabem que você é culpado, mas por um descargo de consciência diante de Deus e dos homens, vou dar-lhe uma chance.

Pegou dois pedaços de papel e escreveu sigilosamente uma palavra em cada bilhete.

E falou ao réu:

- Aqui há dois papéis: num deles está escrito Condenado e, no outro, Inocente. Escolha um dos bilhetes e, o que estiver escrito, será sua sentença.

O homem percebeu muita falsidade estampada no rosto do juiz e desconfiou que nos dois bilhetes estivesse escrito Condenado. Seu caso estava perdido. Mas não se entregou ao desespero e nem à triste sorte.

Pediu uma luz ao Alto e, num impulso incontido, engoliu um dos papéis.

O juiz lamentou profundamente a idiotice do homem:

- Que estupidez você fez! Quis dar-lhe uma chance de ser liberto e você comete a safadeza de comer um dos papéis?! Como posso agora testar a sua inocência?

O homem sorriu consigo mesmo e sugeriu:

Lauro Trevisan

- Isso não é problema. Havia dois papéis: num estava escrito Inocente e, no outro, Culpado. Muito bem, veja o que está escrito nesse papel que sobrou e obviamente o outro, que eu retirei, é o contrário.

Lição: Por pior que seja a situação, sempre há solução. Não desanime nunca.

13 QUANDO O AMOR ESTEVE POR AQUI

Certa vez, o Amor saiu a andar pelo mundo. Estava, como sempre, bem-humorado, muito feliz da vida, carinhoso e, claro, extremamente generoso.

Pousou numa planta quase seca, tocou seus ramos fenecidos e inundou-os com a verde da vida.

Mais adiante, contemplou amorosamente uma flor desabrochada e deu-lhe mais perfume.

Na curva do caminho, viu uma pobre pedra tosca e empoeirada. Teve pena, pintou-a de brilho e vestiu-a de preciosidades.

E o Amor seguiu em frente, saltando aqui e acolá, quando encontrou uma criancinha adormecida no berço de uma cabana. Tocou os lábios com carinho e a criança irradiou lindo sorriso celestial.

No outro lado da rua, passava um velhinho se arrastando pesadamente, com a netinha na mão. O Amor ficou tomado de ternura e derramou forte dosagem de energia sobre o bom velhinho, que, desde logo, pegou a netinha no colo, beijou-a ternamente, e seguiu caminho.

Quando o Amor viu aquelas nuvens de chumbo

se aproximando pesadamente, ficou preocupado e jogou um beijo para cima. Maravilha! A nuvem expandiu-se com a brancura do algodão e deixou o sol beijar calorosamente a terra.

Este era um dia especial para o Amor, por isso não se cansava ele de andar pelos caminhos em fora, deixando que seus impulsos amorosos acontecessem à vontade.

Que fazer com este riacho murcho, esgarçado por entre pedras e torrões ressequidos? Ah sim, é preciso dar-lhe vida e alegria. Pronto, o arroio cobriu-se de águas borbulhantes e cantarolantes, revitalizado de peixes multicoloridos.

Oh, que sorte! Justamente nesse momento o Amor deu de cara com você e sentiu inusitado impulso de oferecer-lhe algo muito especial. Afinal, você é uma pessoa especial.

Que poderia ele oferecer-lhe? Saberia dar-lhe o presente mais desejado por você? Bom, é preciso acreditar que o Amor tem olhos de amor. E os olhos do amor só enxergam pelo prisma do amor.

Pois bem, o Amor sorriu de felicidade por esse inesperado encontro e, com o maior carinho, tocou o seu peito e deu-lhe um coração novo, todo feito de amor, de sorrisos, de alegria, de paz e de felicidade.

Era muito difícil fazer essa milagrosa fusão num só coração, mas o que ele não faria por você?

Antes que você parasse para agradecer-lhe, ele seguiu em frente, cantando a felicidade do mais belo e emocionante encontro do dia.

Lição: A felicidade habita seu coração.

14 OS HABITANTES DA CAVERNA

Contam que, milênios atrás, os homens viviam no interior de uma caverna, em profundidades abissais. Lá construíram seu mundo, fizeram a vida, buscaram crescer de acordo com as condições precárias da escuridão cavernosa.

Certa vez, três jovens aventureiros, inquietos, resolveram devassar a caverna e saíram a percorrê-la até aonde pudessem chegar. Andaram que te andaram por muito tempo e, então, num belo dia, alcançaram a boca da caverna e se viram em plena luz do dia, diante de um céu ensolarado, que iluminava praias, matas, casarios, campos, animais, águas, montanhas e vales.

Estavam emocionados e deslumbrados com a descoberta desse novo mundo, tão lindo e tão agradável! Um verdadeiro paraíso. Como eram jovens de bom coração, resolveram voltar à caverna e anunciar aos cavernantes que, lá fora, além da caverna, havia um mundo muito bonito, altamente evoluído, um verdadeiro paraíso, digno de ser vivido.

Dito e feito. Voltaram e reuniram o povo para a boa notícia. Foram considerados loucos, alucinados, falando coisas que não existiam e nem podiam existir. Como os loucos eram queimados naquele mundo cavernal, para não contaminar ninguém e para não alterar a ordem vigente, os três tiveram aquele triste fim.

Lição: Tenha a sua verdade, mas ouça a verdade do outro e analise-a.

15 O COLAR

Depois do último beijo, ele deu a ela um colar de rara beleza e de muito valor.

Custara os olhos da cara, mas ela merecia.

Ela pegou a jóia, emocionada, e a guardou com muito carinho.

Todos os dias, abria a caixinha, contemplava a jóia e a guardava novamente, pois um colar tão lindo devia ser reservado só para ocasiões muito especiais.

Passaram-se vinte anos e ela nunca tinha usado a preciosidade, que guardava com tanta afeição.

Era só para ocasiões muito especiais.

No dia do sepultamento dela, ele chamou a filha, abriu a gaveta, pegou a fina caixinha doirada e tirou o colar lindíssimo, brilhante como naquele primeiro dia.

Lauro Trevisan

A filha arregalou os olhos em incontido deslumbramento.

- Era da sua mãe – comentou o pai. - Dei para ela no dia do casamento.
- Mas ela nunca usou! – espantou-se a filha.
- Ela esperava uma ocasião muito especial. Fique com o colar, minha filha. Não espere por uma ocasião muito especial.

Lição: Cada dia é especial e único.

16 PAZ NA ESTRADA

Os dois carros nem sequer se roçaram e ambos os motoristas pularam para fora, dedo em riste, ameaçando-se mutuamente:

- Olha aí o que tu fizeste, seu pilantra!
- Pilantra é tua avó, seu vagabundo!
- Vagabundo é teu pai!
- Não põe meu pai nessa boca imunda, que te arrebento a pau!
- Experimenta, se és capaz, seu cabeça de bagre!
- Repete, se tu és bem homem!
- Repete o quê, heim?
- O que tu disseste!
- O que foi que eu disse?
- Aquilo!
- Aquilo o quê?

A discussão já estava mais do que idiota quando apareceu um transeunte para saber o que tinha acontecido.

Historietas do Baú do Meu Coração

- Esse cara aí quase bateu a curriola dele no meu automóvel.
- Quem quase bateu foste tu, entendeste?
- Foste tu!
- Tu!.
- Esperem um pouco - interrompeu-os o transeunte. - Se ambos quase bateram, significa que ninguém bateu em ninguém. Então, por que é que estão brigando?
- Ah, deixa pra lá! - resmungou o motorista do carro azul e foi embora.

O outro fez uma figa debochada e se mandou, com cara de quem comeu sabão e não gostou.

Lição: Consegue-se mais com uma gota de mel do que com um barril de vinagre.

17 O TERREMOTO

De repente, a terra entrou em violento estertor, sacudiu tudo que lhe feria o dorso e fez enormes estragos, derrubando casas, pontes e muros.

Foram minutos de pânico e lágrimas, com mortos e feridos espalhados por toda parte.

No domingo, o pregador usou o terremoto como tema de suas verberações contra os maus e incrédulos.

- Eis aí, meus irmãos, a ira divina desabando sobre os males de nossa cidade – avisou ele. - É o azorrague divino contra a perversidade. Olhem ao redor e vejam o que restou das boates, dos clubes eróticos e das casas malafamadas. O castigo de Deus caiu sobre elas e não sobrou pedra sobre pedra.

- Com licença – interferiu um pacato cidadão, atento ao sermão. – Se o terremoto é castigo de Deus, por que então desabaram a igreja da Vila São José, o templo da rua Esmeralda e a sinagoga da Praça Paris?

Lição: Não confunda alhos com bugalhos.

18 A COMPAIXÃO

No calçadão da cidade vivia um empresário cujo trabalho lhe rendera muito dinheiro.

Como tudo ia muito bem, adquiriu um carro zero, de marca famosa, e saiu a passear com a família pelas estradas do interior, a contemplar as maravilhas da natureza.

Sentia o prazer do riacho a borbulhar quando os pneus tocavam a água; passava vagarosamente pela mata vendo árvores de todos os tamanhos em harmoniosa convivência; se deliciava com o perfume das flores; apreciava os colonos seguindo pela estrada de enxada às costas ou conduzindo carretas cheias de produtos.

Numa curva do caminho, de repente, avistou um rosário de cortiços alinhados ao longo da cerca e viu onde morava a miséria.

Ficou com vergonha de si e de seu carro famoso. Voltou para casa deprimido, foi abandonando as atividades, os negócios afundaram, e ele sentiu que agora era um pobre junto a tantos outros pobres. Era o seu consolo. Não mais se sentia uma injustiça diante das diferenças gritantes.

Os familiares ficaram chocados com a atitude do pai e foram aconselhar-se com um velho sábio.

O velho sábio ensinou:

- Quem soube voar, não deve jogar fora suas asas para igualar-se aos que não sabem, mas deve ensiná-los a voar.

Lição: Sua luz mostrará o caminho aos que jazem na escuridão.

19 RELEMBRANÇAS

Naquela noite de sábado, Esmeralda descansava num aconchegante sofá, enquanto sua memória caminhava por caminhos já dantes percorridos.

A fotografia do casamento, na parede à sua frente, trouxe-lhe lembranças da festa, da troca de alianças, da primeira noite...

Seus olhos então pairaram numa estatueta sobre a mesinha e a imagem tocou o inconsciente, que a fez regredir aos tempos em que morava com os pais. Os acontecimentos foram passando, como num filme, vendo-se ela como atriz e expectadora ao mesmo tempo.

De repente, recordou uma amiga de adolescência, muito querida, que, certo dia, adoecera gravemente, fora conduzida ao hospital e lhe pedira para ir vê-la, que tinha algo especial para lhe contar.

E Esmeralda lembrou, como se fosse hoje, que foi adiando a visita, adiando para depois e depois, e, en-

Lauro Trevisan

tão, veio a notícia da morte da amiga.

Sempre que lembrava o fato, sentia vergonha de si mesma.

Como gostaria de voltar ao passado e fazer finalmente a visita que nunca fizera!

Nesta noite, porém, deixou-se levar pelas imagens que lhe brotavam e conversou carinhosamente com a amiga, pedindo desculpas pela desatenção e dizendo que gostava muito dela e pedia a Deus para que estivesse desfrutando do mais lindo paraíso.

Uma paz profunda apossou-se do seu íntimo e então teve certeza de que a amiga tinha sorrido no seu coração e restabelecido os laços de amizade.

Lição: Se não podemos mudar o passado, podemos transmutá-lo.

20 O ANDARILHO

Ele era um homem inquieto. Um sonhador. Mais do que isso, era um profundo pensador.

Deixava-se ficar horas e horas à beira de um rio, ou à sombra de uma timbaúva, às vezes num recanto oculto do porão, sempre a pensar que devia existir um país onde o amor se transformava em abraço universal, onde o sorriso contagiasse as pessoas, onde a paz fizesse o encanto da vida e a felicidade fosse um sol radiante a iluminar as casas, as ruas e as praças.

Estudava geografia, pesquisava história, desmontava bibliotecas, analisava relatos de alquimia da Idade

Historietas do Baú do Meu Coração

Média, percorria os mapas dos cinco continentes, mas a resposta não vinha.

Certa vez, quase à beira da loucura, saiu andando pelo campo afora, sem rumo e sem prumo, centrado nessa idéia fixa. Por fim, exausto, descansou à beira de um açude e abandonou-se a um sono reparador.

Acordou ouvindo uma voz que lhe dizia: "O caminho é para dentro".

Pensou, inicialmente, que devia voltar para dentro da sua casa e lá continuar a pesquisa.

De repente, entendeu o código e descobriu que esse país existe, está dentro, e se chama Coração.

Encetou, então, viagem para o seu próprio interior.

Lição: O mundo exterior é reflexo do mundo interior.

21 O HOMEM E SÃO PEDRO

Quando Ermildo chegou ao portal de São Pedro, estava inconformado. Havia sido chamado para o andar de cima com apenas 42 anos de idade. Recém estava começando a se encontrar e a vislumbrar o caminho. Nem tinha começado a desfrutar a vida e já o apressado Porteiro Celestial o encadernava e o chamava às contas.

Mal colocou os pés no limiar do Portal, começou a reclamar em altos brados:

- Não acho justo, senhor São Pedro, me tirar da Terra com apenas 42 anos de idade.

São Pedro pegou o livrão das anotações e

Lauro Trevisan

explicou:

- Pois é, mas somando todas as horas que jogou fora, você tem, no mínimo, 97 anos!

Lição: A vida é para ser vivida e não apenas para dizer que esteve aqui.

22 CONFUSÃO DOS DIABOS

O filósofo vivia tentando a autodescoberta. Mas, por mais que se analisasse, mais perguntas se fazia. Chegou a um ponto em que duvidava até da própria existência. Ser ou não ser, eis a questão dele, com um ponto de interrogação no meio e uma exclamação no fim.

Certa vez, sentado sobre a cabeça de uma estátua de Napoleão Bonaparte, na Praça dos Ourives, permaneceu horas sem fim em profunda abstração.

De madrugada, chegou um policial e o interrogou rispidamente:

- Quem é o senhor?

- Grande pergunta – respondeu o filósofo. - Se me olho no espelho, vejo-me como porção de tecidos e átomos. Se observo meus pensamentos, sou um ser abstrato, irreal. Se me colho orando, sinto-me nem cá e nem lá. Se me flagro comendo algo, concluo que sou um tubo que recebe e despeja. Se durmo, sou sem ser. Ajude-me a desvendar-me, por favor.

- Olha aqui, seu cara – resmungou o policial – se não sabe quem é, vá para casa e pegue sua carteira de identidade, entendeu?

Historietas do Baú do Meu Coração

- Mas o que poderá dizer de mim um reles pedaço de papel?

- Você está pirado! Endoidou de vez! Você é um homem maluco! – irritou-se o guarda.

- Pronto, continue me ajudando. Se eu sou um homem maluco, fica-me a dúvida se sou homem ou se sou maluco. Sou substantivo ou sou adjetivo? Enfim, eu sou causa ou efeito de mim mesmo? Maluco é essência ou é complemento? Poderia o nobre colega filósofo prosseguir suas elucubrações metafísicas a respeito do ser ou não ser?

O policial estava perdendo a paciência:

- Eu sou um policial e cuido da ordem nessa cidade, entendeu? Não sei e não quero saber dessas baboseiras que está me dizendo. Ouça bem: eu sou um policial.

- Meu amigo, você não é um policial, porque ser é essência. Você está policial. Estar é circunstancial.

- Vamos pra delegacia e o senhor verá se estou ou se sou policial. Esteja preso.

Lição: Não basta saber o que diz, é necessário ser entendido no que diz.

23 A MONTANHA FALANTE

Um garoto vinha descendo por um desfiladeiro e começou a gritar de alegria. Uma voz idêntica repetiu as palavras do menino.

O pequeno ficou intrigado e sondou os penhascos para saber quem havia rebatido sua voz. Foi então

Lauro Trevisan

que tropeçou numa pedra, esfolou a perna e gritou de dor: "Ai, ai, minha perna! Porcaria, eu sou um imbecil!".

A montanha repetiu no mesmo tom: «Ai, ai, minha perna! Porcaria, eu sou um imbecil!».

Impressionado com a montanha falante, o garoto berrou a plenos pulmões: "Eu sou um campeão!"

A voz oculta repetiu com a mesma força: "Eu sou um campeão!"

O menino achou que havia inimigo no pedaço e retrucou furiosamente:

"Você é uma droga, campeão sou eu!"

A voz reagiu de imediato:

"Você é uma droga, campeão sou eu!"

Nessa altura, o pequeno não quis mais saber de briga, esqueceu o provocador e exclamou: "Ninguém me perturba, estou numa boa!"

O misterioso interlocutor entrou no mesmo ritmo de boa vontade: "Ninguém me perturba, estou numa boa!"

Feitas as pazes, o menino entesou o pescoço, mirou o pico da montanha e explodiu de alegria:

"Eu sou feliz!"

O personagem estranho do outro lado retribuiu gentilmente:

"Eu sou feliz!"

Quando o garoto chegou em casa, foi contar ao pai o que tinha acontecido na montanha.

- É o eco – explicou o pai. – Ele sempre repete o que você diz.

Então o pai aproveitou para ensinar que assim é a vida:

Historietas do Baú do Meu Coração

- As palavras que você profere, a vida as repete na prática, exatamente da mesma forma. É a lei de causa e efeito. O mundo mental produz o mundo real. A vida, portanto, é o eco fiel dos seus pensamentos e sentimentos. O ódio que você lança aos outros, retorna do mesmo tamanho sobre você. A inveja sempre atinge o invejoso. A calúnia desabará com o mesmo peso sobre o caluniador. Os desejos de amor renderão amor ao que assim fala. Tudo muito justo e correto.

- Aprendi, pai!

Lição: O semelhante atrai o semelhante.

24 A BUGANVÍLIA

Havia uma bela e florida buganvília junto à porta principal da casa. Era lindo de vê-la sobranceira, colorida, apreciada por todos os moradores.

Mas a buganvília, de tanto ser elogiada, ficou orgulhosa, envaidecida, achando-se dona do mundo.

Bastava que uma abelhinha se aproximasse de suas flores e ela se fechava em si, espantando o bichinho.

Tornara-se tão rabugenta, que tudo a incomodava.

- Saiam daqui – xingou ela as varetas de madeira que seguravam seus ramos. – Vocês são uns montes de paus secos. Não vêem que estão prejudicando a beleza dos meus galhos?

Pouco depois, se irritou com a cerca ao seu redor:

- Pare de tolher o meu espaço. Deixe-me livre. Não me aperte!

Lauro Trevisan

Também vituperou contra o adubo que foi depositado a seus pés.

- Que sujeira! Que imundície! Como ousas chegar perto de mim, com essa podridão mal-cheirosa? Já pra fora!

A sábia coruja, que a tudo assistia da cumeeira da casa, ponderou à arrogante trepadeira:

- Nobre buganvília, você está sendo muito injusta com os que querem ajudá-la a tornar-se mais bonita e viçosa.

- Ah,ah,ah! – riu desdenhosamente a buganvília.

- É verdade – filosofou a coruja. – As madeiras que tu mandaste embora, são necessárias para manter-te de pé, caso contrário serás um amontoado no chão. A cerca está aí para te proteger. Se a retirares, virão as ovelhas e cabras e acabarão contigo. O adubo, que chamaste de mal-cheiroso e imundo, é a fonte de nutrientes de onde extrairás a energia para cresceres e produzires muitas flores.

- Ah, compreendi! – murmurou humildemente a buganvília, fazendo pacto de amizade perene com seus benfeitores.

Lição: Você não é uma ilha.

25 O HOMEM MAIS SÉRIO DO MUNDO

Severino fazia jus ao nome: era severo como um monge de pedra. O homem era teso como poste de luz, jamais deixava de abotoar o botão da camisa rente ao pescoço, nunca tirou a gravata e até hoje não foi visto descalçar os sapatos na frente das pessoas.

Quando via alguém usando tênis e boné entrava em pânico.

Severino tinha certeza absoluta de que Deus o encarregara de dar manivela no mundo. Se parasse de manivelar, o mundo também pararia.

Era sócio do Clube dos Preocupados e frequentava a Sociedade dos Aflitos.

Fazia refeição normalmente no Restaurante Bocafechada.

Se a coisa andava ruim, implorava para ficar pior. Seu maior sonho era ter um enfarte. E teve. E morreu.

São Pedro, ao ver Severino circunspeto, cabeça baixa em ato penitencial, deu um murro na porta e bradou desconsolado:

- Meu caro Severino, que há com você? Que bicho mordeu você lá na terra?

- Bicho nenhum, São Pedro. Eu sou assim. Sempre fui um homem sério, cumpridor dos deveres, rigoroso, inflexível comigo mesmo, rígido e sacrificado.

- Ah é? – rebateu o porteiro celestial. – Então, volta à terra e paga as quarenta e sete mil risadas que ficou devendo!

- Senhor - desabafou Severino – eu levei a vida a sério.

- Aí é que foi seu erro – censurou-o Pedro. – A vida é um sorriso de felicidade e não gemido de úlcera gástrica, entendeu?

- Mas, eu segui a via do sacrifício santificador! – insistiu o homem, decepcionado com a atitude herética do santo.

- Pois saiba – reagiu o santo porteiro - que teria sido mais inteligente e benemérito se tivesse seguido a via do bom humor contagiante. Ao invés de esparramar

espinhos, melhor fora que tivesse semeado flores.
 Severino coçou a cabeça e resmungou frustrado:
 - Entrei numa fria!
 - A vida não é castigo, companheiro. Ao invés de colocar grãos de feijão nos sapatos e sentar em cima do arroz, melhor proveito faria se os usasse no almoço, com carne assada.
 - Um bom tempero de sal, salsa, tomate e queijo, melhoraria ainda mais o paladar – completou o homem, rindo a bandeiras despregadas.
 - Você riu?! – surpreendeu-se São Pedro. – Você riu?! Muito bem, está perdoado, pode entrar no céu.
 Lição: Sorria feliz e os céus sorrirão para você.

26 O MAIS FELIZ DOS ANIMAIS

 - Qual é o mais feliz dos animais?
 - O galo. Acorda de madrugada, canta alegre ao nascer do sol, corre pelo terreiro, ama as galinhas, pula, dança, caminha airosamente, tem elevada auto-estima, cuida da saúde porque dorme cedo, e não baixa a crista para nenhuma dificuldade.

Lauro Trevisan

- E o mais infeliz dos animais?
- A minhoca. Jaz no fundo do poço, passa o tempo entocada, prefere a escuridão, detesta o sol, come terra, anda sempre enrugada, é pegajosa, não sabe cantar e vive solitária.

Lição: Que vida você prefere?

27 O CHATEADO

- Pare de resmungar!
- É que estou muito chateado.
- Por quê?
- Porque sim. Não agüento mais.
- Não agüenta o quê?
- Tanta coisa.
- Por exemplo?
- Tanta coisa. Sei lá.
- Como é que você pode estar chateado se não sabe o que o chateia?
- A vida.
- O que é que tem a vida?
- Tão complicada.
- Complicada em quê?
- Complicada, ora. Não sabe o que quer dizer complicado? Complicado é complicado, entendeu?
- Não entendi. Explique melhor.
- Até você está complicando. Fico irritado com gente ignorante como você. Ah, meu Deus, quando é que vou ter paz?!

- Afinal, qual é o seu problema?
- Tudo.
- Tudo o quê?
-Tudo, seu songamonga! Não torre minha paciência, que já é pouca. Fique na sua que eu fico na minha. Não azede mais a minha vida, que estou por um fio.
- Mas, enfim, o que é que está azedando sua vida?
- Não deu para perceber? Ponha em funcionamento seus dois neurônios, cara.
- Meus neurônios não conseguem saber o que você quer. Você está confuso, não liga coisa com coisa. Por que não tira férias? Está precisando.
- Férias?! Pra quê? Resolvem o quê?
- Férias. Para descansar, divertir-se, desestressar-se, levantar o astral, organizar as idéias, estabelecer novos rumos, eteceteraetal.
- Ah é? E não posso fazer isso em casa?
- Pode, até devia, mas não está fazendo. Seus pensamentos e sentimentos parecem uma massa informe. Sofre e não sabe porquê. Está deprimido, mas não atina com a causa. Como poderá saber a solução se não sabe o problema? Clareie a mente, faça inventário dos pensamentos e sentimentos que pesam na sua alma, verifique que sentido têm para você o dia de hoje e então crie a sua própria solução. Seu caminho está aí, encontre-o. Não se deixe levar por essa onda opaca e obscura. Busque a luz, ao invés de se revolver nas trevas. Saboreie o momento presente, que tem tantas satisfações para lhe dar. Se você vai tomar um cálice de vinho pensando nas agruras do passado, nas barreiras da vida e nas impossi-

Lauro Trevisan

bilidades do futuro, deixará de saborear o vinho, de auscultar seu buquê, de sentir o perfume, de mergulhar no mistério da sua origem, de medir a densidade, de apreciar a cor e o brilho, enfim deixará de conferir a idade do precioso líquido. E deixará de desfrutar o prazer do vinho, que é a única coisa que existe naquele momento. Viva o presente intensamente, positivamente, alegremente, que tudo o mais está fora da sua órbita vital.

- Ah, é?

- É.

- Então tá!

Lição: Há duas coisas inevitáveis na vida: o nascimento e a morte. O que importa é desfrutar o intervalo.

28 QUANDO DEUS FEZ O HOMEM E A MULHER

Tempos atrás, encontrei, numa folha velha e perdida, a narrativa de uma lenda hindu.

Contava assim:

"Deus tomou a suavidade da lua e a ondulação da serpente; o entrelaçamento da trepadeira e o palpitar da erva; a esbelteza do caniço e a frescura da rosa; a coreografia da folha e o aveludado do pêssego; o olhar lânguido da corça e a inconstância da brisa; o pranto da nuvem e a alegria do sol; a timidez da lebre e a vaidade do pavão; a doçura da penugem que guarnece a garganta dos pássaros e a dureza do diamante; o sabor doce do mel e a crueldade do tigre; o gelo da neve e o calor do fogo; o

Historietas do Baú do Meu Coração

cacarejar do galo e o arrulho da pomba. Misturou tudo isso e fez a mulher. Ela era graciosa e sedutora. E, achando-a mais bela que a íbis e a gazela, Deus, orgulhoso de sua obra, admirou-a e deu-a de presente ao homem.

Oito dias depois, o homem, bastante confuso, procurou Deus e lhe disse: "Senhor, a criatura que me ofereceste, envenena a minha existência; tagarela sem cessar, lamenta-se a propósito de tudo, chora e ri ao mesmo tempo, é inquieta, exigente e melindrosa; está sempre me importunando e não me deixa um instante de sossego. Suplico-te, Senhor, chama-a de volta para ti, pois não posso viver com ela".

E Deus, paternalmente, retomou a mulher.

Mas, passados oito dias, o homem voltou a procurar Deus: "Senhor, minha vida é uma solidão, desde que te restituí aquela criatura. Ela cantava e dançava na minha frente. Que suave expressão tinha ela quando me olhava de lado, sem voltar a cabeça! Ela brincava comigo! E não há fruto mais delicioso, de nenhuma árvore, que se compare às suas carícias! Imploro que ma devolvas. Não posso viver sem ela!"

E Deus devolveu-lhe a mulher.

Passaram-se mais oito dias e Deus franziu o cenho, vendo surgir o homem que empurrava a mulher, dizendo: "Senhor, não sei como isso acontece, mas a verdade é que esta mulher me dá mais aborrecimento do que prazer. Fica com ela, que eu não a quero mais! Não posso viver com ela!"

A tais palavras, o Senhor lhe disse: "Homem, regressa à tua casa com tua companheira e aprende a conviver com ela. Seu eu a aceitasse de volta, daqui a oito dias tu virias de novo importunar-me para reavê-la. Vai e leva-a contigo".

E o homem se retirou murmurando: "Como eu sou infeliz! Duplamente infeliz, porque não posso viver com ela e não posso viver sem ela!".

Lição: Você é o que pensa.

29 A HISTÓRIA DA ÁGUIA

Esta história é conhecida, mas vou contá-la do meu jeito.

Um belo dia, um caçador dirigiu-se à floresta a fim de abater algum animal para a refeição da noite. Encontrou um filhote de águia e levou-o para casa, colocando-o no galinheiro, junto com as galinhas.

A águia cresceu como galinha, vivendo como galinha, agindo como galinha, alimentando-se como galinha. A dimensão da sua vida era o galinheiro, nada mais.

Historietas do Baú do Meu Coração

Passados alguns anos, esteve naquela casa um zoólogo e, vendo a majestosa ave, exclamou:

- Olha lá uma águia!

O caçador corrigiu:

- Sim, era uma águia, mas agora não passa de uma galinha.

- Não concordo – rebateu o zoólogo. – Ela continua sendo águia. Vamos deixá-la voar e você verá essa águia flutuar feliz no azul do céu.

- Não conseguirá – insistiu o caçador. – Foi criada como galinha e será sempre galinha. Não existe mais a águia nessa criatura.

- Vou mostrar-lhe que continua sendo águia.

O zoólogo entrou no galinheiro e tomou a águia nas mãos, ergueu-a o mais alto que pôde, e gritou:

- Voa, águia! Tu não és galinha. Tu és uma grandiosa águia. Voa!

A águia olhou para baixo, viu as galinhas ciscando no terreiro e jogou-se para o chão, misturando-se entre as companheiras de vida.

- Eu não disse?! – vitoriou-se o caçador. – Pode perder as esperanças. Esse bicho não passa de uma galinha um pouco diferente.

- Espere um pouco – pediu o zoólogo, sem dar-se por vencido. – Vou fazer mais uma experiência.

Pegou a águia, subiu com ela até a cumeeira da casa, e incentivou-a:

- Vamos! Voa! Solta-te! Tu podes! Tu não és gali-

Lauro Trevisan

nha. Liberta as majestosas asas. Vamos! A águia sacudiu-se timidamente, olhou para baixo, viu novamente as galinhas perambulando pelo galinheiro, e atirou-se para junto delas, metendo-se na sua vidinha de sempre.

- Eu falei – gritou o caçador.

- Amanhã eu voltarei – encerrou o assunto o zoólogo. No dia seguinte, de manhã bem cedinho, foi ao galinheiro, pegou a águia e subiu com ela até o alto de uma montanha.

Nas grimpas de um penhasco, descortinava-se um panorama grandioso: lá embaixo o imenso vale, vendo-se pequenina, quase sumida, a casa do caçador, com seu minúsculo galinheiro. Diante do homem e da águia pousada no braço dele, o esplendor do céu azul começando a iluminar-se de sol.

- Aqui é teu lugar! – exclamou o zoólogo, tentando entabular um diálogo com a ave. – Esta é tua vida: voar pelos cumes das montanhas e mergulhar no azul sem fim do céu. Vai, levanta vôo!

A águia sacudiu as asas, levantou a cabeça, mas deixou-se ficar estática, totalmente desencorajada. Nunca tinha voado e diante dela surgia um precipício imenso, perigoso.

- Tu és uma águia – insistia fortemente o zoólogo. – Não, tu não és galinha. Tu és uma águia. Foste feita para voar nas alturas infinitas do céu. Tu não és da terra;

és do céu. Tu podes voar. Solta-te! Vai!

Neste instante, o sol nascente irradiou sua luz esplendorosa sobre o pico da montanha, doirando a águia e tocando-a com a magia do seu brilho.

A ave estremeceu de prazer e de energias. Sentiu o ímpeto da sua vigorosa e exuberante natureza, agitou as imensas asas de dois metros, inflou o peito, levantou o bico, e lançou-se no espaço, voando, voando, sem olhar para trás.

Descobriu sua verdadeira identidade, reconheceu sua imponente potencialidade e seguiu voando pelo azul do céu, ancorando, de vez em quando, nos cumes mais altos das montanhas.

Lição: Você é muito mais do que se imagina.

30 O COMPRADOR DE GENTE

Um homem caminhava calmamente por entre uma turba de mendigos.

Todos apregoavam a própria miséria e pediam esmola.

O homem estacou diante de um miserável, que lhe barrou a frente, implorando:

- Uma esmola, senhor, que nada possuo.

O homem procurou negociar:

- Vou torná-lo rico. Venda-me os seus pulmões por duzentos mil dólares.

Lauro Trevisan

- De jeito nenhum, senhor! – exclamou o mendigo. – Se tiro os pulmões, eu morro.
- Então me venda o coração. Pago quinhentos mil dólares.

O desgraçado deu um salto para trás:
- O senhor está louco?! Sem coração também não posso viver.

O homem insistiu:
- Pois então compro o braço direito por cinqüenta mil dólares.
- Não vendo. Que idéia maluca!
- Ao menos me venda o braço esquerdo. Dou noventa mil por ele.
- Você está doido, cara!

O homem chegou ao ouvido do esmolambado e cochichou:
- Tenho uma ótima proposta: compro seu fígado, mais os rins e o estômago por dez milhões. Veja bem: dez milhões!
- E aí, como é que eu fico? – apavorou-se o esmoleiro.

O homem sorriu:
- Está bem. Vou propor-lhe um negócio bem simples de se realizar. Compro todo o seu sangue por quinze milhões. Vamos, isto é fácil. É só tirar.

O pedinte arregalou os olhos e rebateu:
- E depois? Vou botar água nas veias? O senhor tem cada idéia! Essa está mais pra vampiro do que pra

urubu.

- Olha – tentou novamente o homem – vou deixar você riquíssimo: compro agora mesmo as suas pernas, mais os intestinos, o baço e o pâncreas por cem milhões.

- Você é um idiota! – xingou o maltrapilho. Vira essa boca para outro lado. Vá andando, que os outros já foram!

- Espera aí – acalmou-o o homem. – Minha última proposta, simplesmente irrecusável: pago setenta milhões de dólares pela sua cabeça inteirinha. Assim, do jeito que está: sujinha, despenteada, sem dentes, ignorante, preguiçosa e tudo o mais. Você não faz nada mesmo com a cabeça. Aqui, ó: setenta milhões, uma em cima da outra!

- Oh, cara! – berrou o vagabundo. – Nem por todo ouro do mundo. Deixe de ser besta. O senhor acha que eu posso ser que nem a mula sem cabeça? Eu só quero um dinheirinho. Uma ajuda pra esse miserável.

- Miserável?! – exclamou o homem. – Miserável você?! Com cento e noventa e cinco milhões e oitocentos e quarenta mil dólares, mais todo ouro do mundo e você se acha miserável?!

Deu um clic na cabeça do esmoleiro, que saiu correndo, a gritar:

- Eu sou milionário! Eu sou um milionário!

Lição: Você é o maior tesouro do mundo.

31 O RELÓGIO ANGUSTIADO

Era uma vez um relógio que tinha o péssimo hábito de preocupar-se.
Vivia sempre tomado de faniquitos aflitivos.
Às vezes, nem dava as horas. Outras vezes, passava o tempo fazendo hora.
Todos os outros relógios já comentavam à boca pequena que ele não regulava bem.
Chegou a um ponto em que o ponteiro dos segundos se queixava amargamente, porque só ele devia correr feito doido o tempo todo, quando o ponteiro dos minutos era bem mais vagaroso e o das horas quase nem se mexia.
- Dupla de vagabundos! – repreendia o ponteiro

dos segundos.

- Ventilador de piolho! – retrucava o ponteiro das horas.

Decididamente, o relógio andava mal. Reclamava até pelo fato de ter que ficar eternamente de pé, ainda por cima contra a parede, girando em torno de si como cachorro querendo morder o rabo.

Como se isso não bastasse, certo dia entrou numa encucação de estourar as engrenagens e os miolos.

- Ah, meu Deus! – exclamava ele. – Como eu tenho que trabalhar nessa vida! Meu destino ingrato e cruel é ter que passar horas e horas marcando as horas. Dizem que de hora em hora o tempo melhora, mas não é verdade. Pelo contrário, estou extremamente nervoso com o que me espera pela frente. Veja só: se dou duas pancadas por segundo, significa que terei que bater 120 vezes por minuto. Desse jeito, serei forçado a golpear 7.200 vezes numa hora e, durante um dia, me arrebentarei batendo 172.800 vezes. Ora, num ano me verei forçado a bater 63 milhões e 72 mil vezes. Em dez anos, baterei nada menos que 630 milhões e 720 mil vezes. Que horror! Não agüento! É demais!

E o relógio desfaleceu de estresse e esgotamento nervoso. Não resistiu a tanta angústia e desespero. Jamais conseguiria arranjar força para bater esse tempo todo!

De repente, teve um súbito arranco de sabedoria e começou a meditar com calma:

- Espere aí um pouco – falava para si mesmo. – Posso não ter forças para realizar o trabalho de dez anos, mas com toda certeza consigo dar as duas pancadinhas

Lauro Trevisan

deste segundo.

Foi o que fez.

E continua fazendo há vinte e cinco anos.

Lição: Não se preocupe com o dia de amanhã, que o amanhã cuidará de si mesmo.

32 AS GÊMEAS

Havia duas gêmeas, que nada tinham em comum. Uma era bonita, a outra feia.

A bonita era de fazer parar o comércio. Linda de morrer, mas invejosa, ciumenta, irritante, mau caráter, insuportável.

A outra era feia e, ao mesmo tempo, agradável, positiva, bem resolvida, generosa, amorosa, culta, equilibrada e sorridente.

Todos os pretendentes dobravam-se ao fascínio da mais bela, encantados com o seu rosto, com a cor dos olhos, com o contorno excitante dos lábios, com a modulação da voz, com a perfeição do nariz e com a esbelteza do corpo.

A outra gêmea era simplesmente a outra.

Todos disputavam a beleza da primeira, até que o mais conquistador envolveu-a e a conduziu ao casamento.

Aí começou o inferno. A moça era apenas pele. Insuportável para uma vida a dois.

O conquistador viu desmoronarem seus sonhos e não sabia mais o que fazer com aquele monumento oco.

Lição: Quem vê cara, não vê coração.

Historietas do Baú do Meu Coração

33 O MOÇO QUE QUERIA UM EMPREGUINHO

A secretária ligou para o diretor:
- Senhor diretor, tem aí um moço que deseja emprego nesta empresa.
- O que é que ele sabe fazer?
- Nada.
- Então diga-lhe que não temos piscina.
A secretária foi conversar com o moço e perguntou-lhe se já havia trabalhado em algum lugar.
- Nunca – reagiu ele.
- Por quê?
- Por amor ao próximo: não queria tirar o emprego de ninguém.
- Que turno você prefere?
- O turno das férias.
- Desse jeito você acha que consegue trabalho?
- Olha, eu não estou pedindo trabalho. Quero apenas emprego.
- Qual é a diferença?
- Você é secretária e não sabe? Emprego tem a ver só com salário. Isso de trabalhar é meio ultrapassado, não acha? Trabalho é cabeça-mãos-e-pés, ao passo que emprego é dinheiro-na-carteira, morou?
- O que é que você faz em casa?
- Ajudo meu irmão.
- E o que faz o seu irmão?
- Nada.

- Por que você quer sair de casa?
- Estou esgotado de tanto fazer nada.
- Mas fazer nada cansa?
- Cansa demais, não tem intervalo.

A secretária já não agüentava mais e desabafou:
- Se é tão bom não fazer nada, por que você procura emprego?
- Porque até hoje não me pagaram as horas-extras. Além das oito horas normais, fico mais dezesseis horas sem fazer nada e nunca me pagaram. É uma injustiça que brada aos céus! Deus é minha testemunha!
- Você fala em Deus, mas não segue o mandato divino.
- Sigo o sétimo dia de Deus.
- O que fez Deus no sétimo dia? – perguntou curiosa a secretária.
- Descansou.
- Essa não! – vociferou a secretária.
- Essa sim! – teimou o moço.

Até hoje o moço não sabe porque não foi contratado.

Lição: Seu trabalho é seu destino.

34 O FORASTEIRO

Naquele dia, o velho peregrino encontrou um estranho personagem no seu caminho e perguntou:
- Quem é você?
- Não me conhece? Eu sou o Amor.

- Você existe?
- Sempre existi. Se eu não existisse, o mundo não existiria.

O peregrino coçou a barba, intrigado, e voltou à carga:
- Mas, se você existe, por que as guerras, os sofrimentos, a solidão, as discórdias, as frustrações?
- Porque esqueceram de mim. Sem mim, a vida é trevas. Sim, porque eu sou a luz, a vida, a felicidade, a essência humana, a saúde...
- Você?!
Eu mesmo. Sou a energia do sol, o brilho das estrelas, o encanto do luar. Eu sou o gorjeio dos pássaros, o azul do céu, a luz do dia, a suavidade da noite, a beleza e o perfume das flores, a grandiosidade das montanhas, a fogosidade dos rios...
- Isso é pura poesia – resmungou o homem. – Basta ver a imensidade de gente que é triste, deprimida, opaca, apesar dos pássaros, das flores e de tudo o mais.
- O segredo está em saber que não é a beleza do mundo que faz o amor, mas é o amor que faz a beleza do mundo.

O viandante franziu os senhos e inquiriu:
- Como assim?!
- O mundo está aí com as maravilhas de sempre, mas a tristeza, os ódios e as depressões, fecham os olhos e apagam os corações.
- Não está dizendo pieguices? – insistiu o peregrino, tomado de incredulidade.
- A mente é a sede da sabedoria e o coração é a

Lauro Trevisan

sede do amor. Como o amor pode se manifestar, se o coração está inchado de raivas, decepções e hostilidades? É como se o sol deixasse de brilhar no nosso planeta. O fim.

- Até posso concordar com você – filosofou o caminhante – mas a vida é assim mesmo.

O personagem estranho aproveitou a chance:

- A vida não é fatalismo. É o que dela você fizer. O segredo da vida é que você é feito de seus pensamentos. Você é o que pensa.

- E daí?

- Daí que pensar amor é criar amor. Criar amor é viver amor. Viver amor é ser amor. Este é o elo da vida feliz.

O peregrino passou a mão na cabeça, pigarreou e seguiu adiante, pensativo.

Lição: Ser amor é essencial.

35 O FILÓSOFO

- Que tal?
- Estou na pior.
- Por quê?
- Tem gente botando poeira no meu ventilador.
- Tem solução.
- Qual?
- Saia de perto do ventilador; ou tire o ventilador daí; ou leve a poeira para outro lugar; ou evite aquele cara; ou vire o ventilador para outro lado; ou sacuda a

61

Historietas do Baú do Meu Coração

poeira e dê a volta por cima; ou estude as leis da física que determinam que uma força mais forte impulsiona outra mais leve; ou pense nos ditames da religião, que diz: "Lembra-te, ó homem, que és pó, e em pó te hás de tornar!"; ou faça uma poesia: "Assim como o ventilador levanta o pó do mal, teus pensamentos positivos levantarão o teu astral..."

- Eu não estou brincando.

- Pois, então, há ainda outra solução prática.

- Qual?

- Venda o ventilador e compre um condicionador de ar.

- O que eu quero dizer, seu idiota, é que a minha vida está ruim.

- Pois, trate de melhorá-la.

- De que jeito?

- Do mesmo jeito que você conseguiu piorar a sua vida, usando o mesmo esforço e o mesmo método você pode melhorá-la. Sua vida vai para onde você dirigir o seu pensamento. A sua Força Interior age na direção do seu pensamento. Sua vida está ruim pelo poder do seu pensamento ruim; sua vida será positiva pelo poder do seu pensamento positivo.

- Se fosse simples assim...

- Mas é. Você é o que pensa que é. A sua vida é o que você pensa que ela é. Não tem mistério. Todas as leis universais são simples e fáceis. E não falham.

- Comigo falharam!

- Pelo contrário. Cumpriu-se a Lei. Ao pensar que sua vida está ruim, tornou-se ruim. No momento em que

Lauro Trevisan

passar a pensar que sua vida está cada dia melhor e melhor, assim será. Como dizem os grandes mestres: "O pensamento é uma realidade mental que se torna realidade física". Não existe isso de dizer que uma pessoa foi vítima de depressão, como se tivesse apanhado da chuva. Nada acontece numa pessoa que não tenha como causa a própria pessoa. O deprimido é o ilustre autor da sua própria depressão. Assim como o homem feliz é o autor e criador da sua própria felicidade. Pensar é ser.

Lição: Pense felicidade e será feliz. Pense mil vezes por dia que a vida está ótima e assim será.

36 A HISTÓRIA DO MONGE SOLITÁRIO

Contam que havia um monge que morava solitário lá do outro lado do rio. Todas as manhãs, uma camponesa atravessava o rio e ia levar-lhe leite para o café

Historietas do Baú do Meu Coração

matinal.

Certo dia, o monge, que aguardava impaciente o leite, reclamou:

- Por que você demora tanto para chegar com o leite? Faz-me perder tempo à espera. Assim não pode ser.

- Não é por querer – explicou-lhe a campesina. – Os barcos atrasam e eu só posso chegar a essa hora.

- Barcos?! – exclamou o monge.

- Sim, os barcos que fazem a travessia do rio.

- Mas, por que precisa você de barco? Chegue à beira da água, faça uma oração com fé e atravesse o rio andando sobre a água.

- É mesmo?! – admirou-se a jovem.

- Claro! – bradou o monge.

Desde então, a camponesa nunca mais atrasou a entrega do leite.

O monge estava admirado da pontualidade da moça e perguntou-lhe:

- Como é que agora você consegue entregar o leite tão cedinho da manhã?

- Estou fazendo o que o senhor me ensinou – respondeu ela.

- Fazendo o que?!

- O senhor me disse para rezar com fé à beira do rio e andar sobre a água. É o que estou fazendo.

O monge ficou boquiaberto. Tinha dito apenas uma brincadeira. Não acreditando, prometeu estar com ela no dia seguinte.

De fato, no outro dia, lá estavam os dois à beira

do rio.

A moça fez o sinal da cruz, orou de mãos juntas, e saiu andando leve e ágil sobre a água.

O monge tratou de fazer o mesmo. Orou, arregaçou o hábito, e meteu-se na água. Em três tempos, começou a afundar e gritou por socorro. A jovem voltou para socorrê-lo e disse-lhe:

– Eu sabia que o senhor ia afundar.

– Como?! – espantou-se o monge.

– Quando vi que arregaçou o hábito, notei que não tinha fé, pois estava com medo de molhar-se.

Lição: Fé não admite dúvida e nem descrença.

37 O HOMEM DA ENCHENTE

Contam que, certa vez, houve uma grande enchente e um homem, para se salvar, subiu à cumeeira da sua casa e começou a pedir a Deus que o salvasse. As águas

Historietas do Baú do Meu Coração

já tinham atingido o telhado, quando apareceu um barco de salvamento.

- Muito obrigado, mas não preciso de ajuda! – gritou o homem. – Eu tenho fé em Deus, ele vai me salvar. As águas continuaram subindo e chegaram até o homem, que continuava orando a Deus para o salvar.

Nisso, apareceu outro barco, mas o homem recusou o auxílio, dizendo que tinha fé que Deus iria salvá-lo.

Ás águas foram subindo mais e mais e já alcançavam o peito do homem, quando apareceu um helicóptero, baixando uma corda para o resgate.

- Muito obrigado! Não preciso de auxílio! – berrou o homem. – Tenho fé em Deus, ele vai me salvar.

O helicóptero foi embora e as águas subiram e taparam o homem, que morreu afogado.

Ao se apresentar lá no céu, o homem estava furioso.

- Isso aqui é uma anarquia! – gritava ele para quem quisesse ouvi-lo. – Se não era para cumprir, não deviam ter prometido. Fui enganado. Acreditei que Deus me salvaria e olha aí o que me aconteceu: morri afogado. Cadê a moral de vocês aqui?!

Nisso, Deus abriu a porta e falou-lhe:

- Você está reclamando do quê? Eu lhe mandei dois barcos e um helicóptero. Se não quis embarcar, o problema é seu e não nosso.

Lição: Preste atenção às orientações dadas pela fé.

38 O CAVALO SÁBIO

O camponês pegou o cavalo e começou a colocar pesada carga no lombo do animal. Um saco. Dois sacos. Quatro sacos.
- Isso é demais – pensou o animal. Naquele tempo, cavalo pensava.
Na hora de andar, negou-se.
O camponês compreendeu que a carga estava exagerada e tirou um saco do lombo do animal, que permaneceu parado. O colono então tirou outro saco e o eqüino começou a caminhar com desembaraço.
À noitinha, o cavalo pensou novamente:
- Já andamos muito hoje. Está na hora de parar.
E recusou-se a andar.
-Vamos – incentivou-o o dono. – Faltam só dez quilômetros para chegarmos.
O cavalo se mantinha renitente.
O camponês entendeu que já tinham andado bastante, retirou a carga do animal e soltou-o a pastar e a descansar.
Lição: Basta a cada dia a sua lida.

39 O HOMEM QUE SEGURAVA A DEFUNTA

Esta é uma história macabra. Imprópria para menores.

Certo homem, não se conformando com a morte da esposa, segurou-a em casa, às escondidas, dentro do caixão.

Passava dia, passava noite, passavam semanas e o homem não se libertava da falecida.

A mulher cheirava mal, mas ele a mantinha junto de si teimosamente, insanamente.

A coisa foi se agravando e ele já não tomava banho, não saía de casa, definhava a olhos vistos, sempre agarrado ao caixão.

Alguns amigos, sabedores do sofrimento e da apatia do homem, tentaram resolver o problema, insistindo a que sepultasse de uma vez para sempre a esposa, mas ele não se decidia. Chegou até a prometer, mas voltou atrás.

Lauro Trevisan

Cada vez que o psiquiatra lhe dava antidepressivos, ele os tomava agarrado ao caixão. Acordava depois da vigorosa dose sonífera e tudo continuava igual.

O tempo passava, o homem cada vez mais alucinado, e ninguém sabia como levar embora o caixão e a defunta.

Alguns amigos o abandonaram, porque não adiantavam conselhos, nem xingações, nem nada.

Parecia impossível que isso pudesse acontecer a um ser humano, mas aí estava a situação nua e crua.

- Afinal, o que foi que aconteceu com o homem?

– pergunta você, intrigado, a essa altura.

O que aconteceu com o homem, não sei, só sei que essa história é mais freqüente do que se pode imaginar.

Lição: Quando morre o marido, a esposa, ou filho, e você fica deprimido um mês, dois meses, um ano, dois anos, na verdade você está segurando o caixão do falecido no quarto do seu coração. Deixe-o com Deus e volte a viver a vida.

40 O LEÃO PREGADOR

Certo leão, muito forte e poderoso, foi aclamado líder religioso absoluto do reino animal.

Ciente do respeito que todos tinham por sua barba e por seu porte altivo, o leão subia ao púlpito e desandava sobre a platéia reverente seus conceitos e crenças.

Numa dessas prédicas, o leão resolveu falar sobre o amor.

- Amar – meus caros – é fundamental. O amor é tudo. Sem amor os seres se tornam maus. E temos que acabar com os maus. Cadeira elétrica neles. Eu odeio os maus e castigo duramente os que não amam. Precisamos eliminar da face da terra, sem dó nem piedade, os intolerantes, os fanáticos e os que não amam. E também os que não são da nossa crença. Pau neles. E tem mais – urrava o leão, no auge de sua oratória. – Esses animais de roupas extravagantes, tipo pijama, troquem de roupa ou serão considerados gays. Esses não merecem contemplação na nossa comunidade religiosa e santa.

Uma zebra corajosa tentou fazer uma modesta observação ao orador:

- Caríssimo pregador! O senhor está falando a favor do amor ou do ódio?

- O quê?! – explodiu o leão, com os olhos vermelhos de raiva.

- Eu só queria entender – murmurou a zebra, se afastando de mansinho, pé ante pé, juntamente com as companheiras. Mal pisaram fora do templo, se mandaram em desabalada correria.

Lição: É bom rever como você conceitua e pratica o amor.

41 TORNANDO-SE DEUS POR MEIA HORA

Deus vem até você neste momento e intempestivamente lhe diz: "Atenção, vou lhe dar a chance de ser deus por meia hora, para seu benefício próprio. Pronto, comecei a marcar tempo".

Confusão inicial na sua cabeça: "O que é que vou pedir? Puxa vida, tem tanta coisa e nem sei por onde começar".

"Atenção, o tempo está passando. Vinte e nove minutos. Vamos lá, o que está esperando?"

Vinte e oito minutos.

"Ora – dirá você – não quero mais passar essa desgraceira que vivi até agora. Foram tantos sofrimentos, que só Deus sabe. Sobrevivi porque tenho fé e acredito em Deus, caso contrário não sei o que seria de mim".

"OLHE O TEMPO: Já passaram quatro minutos e você ainda não pediu nada".

"Está bem, mas preciso dizer que ninguém sofreu o que eu sofri. Comi o pão que o diabo amassou. E as pessoas, ao invés de me ajudarem, festejavam minhas desgraças. Não sei como tem gente assim! Se fosse com eles, garanto que viveriam reclamando pelos quatro cantos da terra. Pelo menos, eu suportei com paciência, porque aprendi religião desde pequeno e a oração tem me ajudado muito".

"CUIDADO COM O TEMPO: Você tem apenas vinte e dois minutos. Ainda não pediu nada".

"Não me chateie. Não chega os que me atropelaram na vida? Até você fica me azucrinando? É sempre assim, quando não é um, é outro. E a gente tem que agüentar. Eta, vida amargada! Se soubessem o quanto sofri na vida, não ficariam me atormentando. E fiquem sabendo que não sou máquina para desembuchar tudo num instante. Quem é que consegue pensar direito quando tem alguém atrapalhando as idéias?"

"OLHE O RELÓGIO!

SÓ FALTAM 18 MINUTOS!"

"E daí? Estou atrapalhando você? Por favor, não amole minha paciência. Se não tem nada que fazer, não faça aqui. Deus deu esta chance para mim, não para você, entendeu? Que mania essa de não fazer e não deixar os outros fazerem! Eu sou o feliz privilegiado de Deus e não você. Recebi a graça de pedir o que quiser, de ser deus por meia hora, e essa consideração foi especial para mim. Também, já era tempo! Por tudo que passei na vida, bem que eu merecia uma sorte melhor".

Lauro Trevisan

"QUEM AVISA AMIGO É:
FALTAM 10 MINUTOS. APURE!"
"Apurar-me? Era só o que faltava! A pressa sempre foi inimiga da perfeição. Os apressados comem cru. Mingau quente se come pelas beiradas, não sabia? Já fui acelerado na vida e quebrei a cara. Agora, tenham a santa paciência, que não me apresso nem que a vaca tussa. Ora bolas!" "VOCÊ SÓ TEM SEIS MINUTOS. NÃO AVISO MAIS!" "Sabe o que se pode fazer em seis minutos? Não sabe? Bem se vê que é burro mesmo. É lógico que eu quero sair desta situação braba em que me encontro. Meu caso está mais para urubu do que para colibri. Isso não é vida. É o fim da picada. Dose para elefante. Contentar-me com as turbulências que passei, só se eu fosse louco varrido, lavado e encerado. Eu tenho muito que pedir para remediar a minha sorte. Sei que tem gente torcendo para ver a minha caveira, mas isso não me importa mais. Eu sou mais eu. Vou mudar de vida e o resto que se dane. Ninguém teve pena de mim, que se lixem! Comigo é taco no taco..."

Neste momento, tilintou o relógio celestial e se ouviu a voz do Infinito:

"TEMPO ESGOTADO".

Lição: Nem um milhão de queixas fazem mais que um pensamento positivo.

Historietas do Baú do Meu Coração

42 O SEGREDO DO TESOURO

Havia uma caverna repleta de tesouros, num lugar escondido e misterioso.

Somente o príncipe Erudin sabia dessa caverna.

Quando Erudin chegava diante da caverna, bastava dizer "Abre-te Portal dos Tesouros" e o portal se abria, deixando o jovem mágico diante dos tesouros mais deslumbrantes do mundo.

Era uma fortuna incalculável e inesgotável à sua disposição e ele podia apanhar a quantidade que quisesse, o valor que quisesse, quando quisesse e como quisesse.

A caverna misteriosa era a fonte inexaurível de suprimento de Erudin. Nunca mais passou necessidades, porque sabia onde abastecer-se e como fazê-lo.

Mas, por outro lado, o jovem sabia que de nada adiantaria ficar um ano inteiro a berrar diante da caverna palavras sem sentido. A porta não se abriria.

Sabia, ainda, que não lhe adiantava dizer "Abre-te Portal dos Tesouros" a dez quilômetros de distância da caverna. Tinha que ser diante do portal.

Bastava cumprir corretamente o ritual e teria nas mãos tudo o que desejasse, porque a mina era inesgotável.

E, assim, Erudin ficou o homem mais rico do mundo.

Lição: No seu interior há a mina dos tesouros inesgotáveis. Mas, só através do ritual da sua palavra determinante a caverna se abrirá.

43 O REI E A MORTE

Certa vez, a Morte mandou um aviso ao Rei, dizendo que ia invadir o reino e matar dez mil pessoas. O Rei ficou aflito e tratou de negociar com a Morte, explicando o imenso sofrimento de mães, pais, filhos, e a desgraça que se abateria sobre o reino.

Conversa vai, conversa vem, e chegaram, por fim, a um acordo em que a Morte destruiria apenas cinqüenta pessoas em todo o reino.

- Menos do que isso, nem pensar – arrematou a Morte, irredutível.

O Rei se conformou.

Começaram a morrer de peste vinte pessoas, trinta, cem, mil, duas mil, dez mil. Foi uma tragédia.

O Rei, decepcionado, foi reclamar com a Morte

por não ter cumprido o pacto.

- Eu cumpri – respondeu a Morte.
- Como?! – explodiu o Rei. – Morreram dez mil cidadãos de peste! Nós não fizemos um pacto de que você mataria apenas cinqüenta?
- Eu matei apenas cinqüenta pessoas. O resto morreu de medo. Não tenho nenhuma culpa.

Lição: Pense positivamente, invoque a proteção divina e os medos sumirão.

44 SÃO FRANCISCO E O BURRINHO

Conta-se que, no fim da vida, São Francisco de Assis, enfermo, sem forças, vendo chegar a sua hora, desejou ardentemente fazer uma última visita a Assis, cidade que o vira nascer, cidade onde fundou sua ordem, cidade, enfim, de inesquecíveis reminiscências.

Pediu, então, ao corpo que, num derradeiro esforço, o levasse a Assis:

- Meu irmão burro, leva-me a Assis, pois eu quero rever, pela última vez, esta cidade tão querida para mim.
- Não o levo – respondeu o corpo.

Oh, meu irmão burrinho, não faça isso comigo. Atenda-me só mais esta vez.

- Não o levo – tornou, irredutível, o corpo.
- Por que não? – quis saber Francisco.
- Olha, não o levo porque você nunca teve consideração por mim. Eu pedia alimentos e você teimava em

Lauro Trevisan

jejuar; eu estava cansado, reclamando uma cama confortável, e você me deitava no chão duro; eu queria uma pausa, depois de um dia sacrificado, e você me castigava com suas longas horas de orações e penitências; eu queria descansar um pouco, exausto que estava das longas caminhadas, e você me obrigava a seguir em frente; eu queria um pouco de amor e você me detestava, impondome maus tratos. Pois, agora, não atendo você.

- É verdade, meu irmão burrinho! – exclamou Francisco. – Como fui severo e injusto com você! Perdoe-me, por favor! Perdoe-me, meu fiel amigo e irmão!

- Está bem – resmungou o corpo – vamos para Assis.

Lição: Cuide do corpo e ele cuidará de você.

45 O JUDAS DE LEONARDO DA VINCI

Diz a lenda que, quando Leonardo da Vinci estava pintando sua famosa Última Ceia de Cristo, precisava de um modelo para Jesus e saiu à procura de um moço saudável, bonito, másculo, irradiante, cheio de vida, bemdisposto, impressionante, de ótimo astral.

Percorreu centros e bairros, até que encontrou o moço ideal. Era a imagem adequada para representar Jesus. Usou-o como modelo e ficou muito bem.

Tempos depois, ao dar os toques finais de sua obra, faltava ainda o Judas Iscariotes.

De novo, meteu-se à procura de um modelo para

Judas, o traidor suicida.

Transitou pelos pontos mais obscuros da cidade; entrou em bares noturnos, casas de tolerância, bordéis; percorreu becos, em altas madrugadas; devassou o submundo do vício, até que encontrou o mais apropriado modelo de Judas para o seu quadro da Última Ceia. Era um homem desesperado, desgraçado, decaído, rosto marcado por tormentos, enfim um suicida.

Ao anotar o nome, para seu espanto viu que se tratava da mesma pessoa que fizera o papel de Jesus na sua pintura.

Lição: Cada qual colhe o que semeia.

46 O SEGREDO

Certa noite, fui deitar enfronhado em mil considerações sobre o porquê das diferenças humanas. Tive um sonho. Andava por uma estrada florida e perfumada. Enlevado pelo perfume das flores, fui andando, andando,

andando sem parar e, quando percebi, tinha penetrado nas profundezas de uma floresta. Já não sabia mais onde estava.

- E agora? – pensei. – Onde estou? Para onde vou? Estou perdido!

Sentei sobre um velho tronco de árvore e pus-me a imaginar uma saída para minha situação.

De repente, ouvi uma Voz que me dizia:

- Você não está perdido. Pelo contrário, está no caminho certo. Siga por esta senda e terá a resposta da sua indagação.

Levantei de um salto, olhei para todos os lados e não vi ninguém.

Sentei novamente.

A Voz voltou a falar:

- Siga por esta senda.

- Bem – pensei eu – perdido por perdido, vou seguir por aí.

Andei longas horas, até que encontrei um velho lenhador. Ele sorriu satisfeito e disse:

- Que bom que você veio. Estava esperando você.

- A mim?! – exclamei, estupefato.

- Sim. Vou revelar-lhe o segredo! Acompanhe-me.

Entramos pela parte mais densa da floresta, costeamos um belo arroio e fomos dar numa gruta profunda.

- É aqui – revelou o lenhador.

- É aqui o quê? – perguntei, intrigado.

- O segredo, ora.

Historietas do Baú do Meu Coração

O homem era de poucas palavras.

- Venha – chamou ele, entrando na gruta.

Acompanhei-o.

Era um verdadeiro labirinto. Não fosse uma réstia leve de luz, o ambiente seria escuro como noite de tempestade.

Por fim, o homem parou diante de um buraco, apontou para o interior e ordenou:

- Está aí. Tire-o.

- Tirar o quê? – indaguei, meio desconfiado.

- Ora o quê! O segredo!

Eu não conseguia atinar que história era essa de segredo.

- Vamos! – insistiu o lenhador, apontando para o buraco.

- Seja o que Deus quiser – resmunguei e pus-me a cavar.

Num instante, abriu-se diante de mim uma linda sala, iluminada pela luz colorida de milhões de pedras preciosas.

Eu estava deslumbrado.

- Vá ao que importa realmente – determinou o guia.

Sobre um pedestal brilhante, havia uma placa luzidia, onde se podia ler claramente: "O Segredo".

Retirei a placa e, dentro de uma urna doirada, encontrei outra placa resplandecente, com estas frases:

"Há os que não sabem que podem – e jazem na

80

Lauro Trevisan

escuridão.

Há os que sabem que podem – mas nada fazem: estes renunciaram à vida.

Há os que sabem que podem e realizam o poder do que sabem: estes são os únicos que vivem a plenitude da vida".

Só então lembrei que estava metido em meditações para saber o segredo das diferenças humanas.

Aí estava a resposta.

– Apenas mais uma pergunta – voltei-me para o lenhador. – Por que tive que procurar aqui nessas profundezas a resposta das minhas indagações?

– Porque todo segredo sempre está oculto aos que não o procuram – proclamou o homem.

Uma sibilante buzinada de carro acordou-me.

Mas, graças a Deus, o mais importante do sonho já tinha se desenrolado.

Lição: Você sabe que pode?

47 O PEDAÇO DE CARNE

Uma jovem senhora, sempre que preparava a carne para cozer na panela, retirava um pedaço à parte e colocava o resto na panela. Um dia, a filha, que acompanhava o trabalho da mãe, perguntou:
- Mãe, porque você deixou de lado aquele pedaço de carne?
- Aprendi da minha mãe. Ela sempre fazia assim.
A jovem ficou curiosa e telefonou para a avó:
- Vovó, por que é que a senhora sempre deixa de lado um pedaço de carne e coloca o resto na panela?
- Isso eu aprendi da minha mãe – respondeu a avó.
A jovem estava por demais intrigada e telefonou para a bisavó:
- Bisa, por que a senhora retira um pedaço de carne antes de colocar o restante na panela para cozinhar?

— Porque a panela é muito pequena e não cabe nela toda a carne — respondeu a bisavó.

Lição: Não seja robô. Use a cabeça.

48 O TESOURO ESCONDIDO

Certa vez, um Príncipe passava por uma cidadezinha, em sua carruagem dourada, quando foi abordado por um mendigo, que lhe suplicava esmola para não morrer de fome.

O Príncipe ficou com pena do miserável e convidou-o a subir na carruagem.

Levou-o ao Palácio, mandou lavá-lo, dar-lhe roupas finíssimas, tratar seus males, alimentá-lo bem e, por fim, despediu-o, devolvendo-lhe o alforje, cheio de coisas.

— Adeus — disse o Príncipe. - Agora você pode

viver bem para o resto da vida.

Tempos depois, ao passar pelo mesmo lugar, o Príncipe viu o seu antigo hóspede novamente na miséria, esfarrapado, famélico, pedindo esmola.

- Como?! – surpreendeu-se o Príncipe. – Você continua pedindo esmola?!

- Sim, meu Príncipe. As provisões acabaram, o dinheiro acabou e me vi novamente na miséria.

- E o que é que você fez com a pérola valiosíssima que lhe dei, na hora da partida?

- Engano seu, meu Príncipe. Não recebi nada.

- Como não?! Depositei-a no seu alforje. Com ela, você pode ficar rico e afortunado para sempre.

O miserável ficou perplexo. Abriu o alforje e realmente encontrou a pérola no fundo da bolsa.

O desgraçado era rico e não sabia. Tendo uma fortuna consigo, passava fome e sacrifícios sem fim.

Lição: Busque os tesouros dentro de si.

49 O CAMINHO ERRADO

Certa vez, um agricultor seguia pela estrada com sua carroça cheia de produtos coloniais.

Aproximou-se dele um citadino, metido a esperto, e gritou para o colono:

- Oh, seu matuto, eu quero carona!

Antes que o agricultor abrisse a boca, já estava o homem encarrapitado solenemente entre sacos e vasilhames.

Longas horas a carroça foi andando até que se viu, ao longe, a silhueta de uma cidade.

- Graças a Deus que essa tartaruga está chegando à cidade de Bonfim.

- Não, meu amigo – falou o campesino – essa é a cidade de Santo Antônio. Bonfim fica para trás, pertinho do local onde você embarcou.

- Mas, por que você não me avisou?! – apavorou-se o citadino.

- Em primeiro lugar, porque você não me perguntou; em segundo lugar, porque você é muito inteligente e deveria saber para onde vai.

Lição: Ser gentil sempre traz vantagem.

50 O MONGE E O ESCORPIÃO

Tem aquela lenda do monge e do escorpião, que recebi via internet: "Certo monge e seus discípulos iam pela estrada afora, quando passaram por uma ponte. Viram um escorpião ser arrastado pelas águas. O monge correu pela margem do rio, meteu-se na água e tomou o bichinho na mão. Quando o trazia para fora, o escorpião picou-o e, tomado de dor, o monge deixou-o cair na água.

Correu, então até a margem, pegou um galho, entrou no rio e colheu novamente o bichinho, salvando-o do afogamento.

Os discípulos assistiram perplexos à cena e indagaram ao monge:

– Mestre, sua mão deve estar doendo muito. Por que voltou a salvar esse bichinho tão mau e tão venenoso? Veja aí na mão como ele respondeu ao seu gesto de solidariedade! Não merecia compaixão!

O monge ouviu as ponderações dos discípulos e respondeu:

– Ele agiu conforme sua natureza e eu de acordo com a minha.

Lição: O outro é o outro, você é você.

51 A FILOSOFIA DO RISO

Um louco ria a mais não poder.

– Está rindo de quê? – perguntaram-lhe.

– Estou rindo de uma piada que acabo de me contar.

– E por que de vez em quando você levanta a mão direita e interrompe bruscamernte o riso?

– Porque essas piadas eu já conheço.

– O que você está fazendo aqui na praça?

– Estou de briga com minha mulher.

– O que aconteceu?

– Brigamos. Eu disse para ela: Estou tentando esquecer você, ingrata!

– E ela o que respondeu?

– E eu estou tentando lembrar quem é você, idio-

Lauro Trevisan

ta. Mas isso não foi nada. O pior aconteceu quando eu vinha pra cá. Atropelei um rapaz com meu carro e ele me xingou, gritando:
- Qual é a tua, cara! Está cego?
Respondi no mesmo tom:
- Cego eu?! Não vê que te acertei bem no meio?
- O que é que você faz na vida? – perguntei, curioso.
- Fui pára-quedista, mas depois que o pára-quedas me disse "Estou contigo e não abro", desisti da profissão.
- E aí, fez o quê?
- Empreguei-me numa oficina mecânica. Mas me mandaram embora porque eu sabia demais.
- Como assim?
- O mecânico-chefe chamou-me para ver se o pisca-pisca do carro estava funcionando. Fui lá e expliquei direitinho, mas o homem me botou no olho da rua.
- O que você explicou sobre o pisca-pisca?
- Expliquei: tá funcionando, não tá funcionando, tá funcionando, não tá funcionando...
Lição: Rir é o melhor remédio.

52 COISA DE LOUCO

O sujeito entrou pelo cano, mergulhou num mar de lama, tentou afogar as mágoas, mas depois livrou a cara, limpou a barra e jogou a conversa fora. Em seguida, lavou a roupa suja em casa, como manda o figurino.

Quando a noite espreitou e o céu da boca se tornou escuro como breu, ameaçando tempestade em copo de água, fechou o tempo, choveu cobras e lagartos e caiu tanta água mole em pedra dura que fez um furo de reportagem na janela da alma, atingindo em cheio a raiz quadrada da árvore genealógica, bem do jeito que o diabo gosta e como Deus fez a mandioca.

Passado o vendaval de emoções, ele caiu nos braços de morfeu e dormiu nos loiros de uma cama de gato, passando horas a fio de navalha em maus lençóis, porque quem dorme não pega peixe, como dizia minha avó torta que a direita já é morta.

No amanhecer, à luz dos primeiros raios que te parta, abriu os olhos da cara, rezou pela cartilha, vestiu abrigo de menores e foi fazer ginástica mental no fim da picada. Correu como louco até onde o vento faz a curva, parou na contramão, sentou num Banco do Brasil, bebeu água que passarinho não bebe e voltou para a mansão dos mortos, onde tomou um banho de lua e foi vestir uma camisa-de-força, botar as calças e calçar as botas, para então tomar um café-concerto com pão que o diabo amassou e manteiga derretida de tanto chorar o leite derramado.

Pegou a pasta de dente e colocou dentro o xeque-mate, as contas do rosário e as promissórias de uma vida melhor, mais a relação sexual das compras a fazer na Rua da Amargura, perto da Ponte de Safena.

Por fim, montou num cavalo de pau e pegou a foice e foi-se, deixando rastos de saudades e nuvens de poeira na calçada da fama, e nunca mais foi visto por aquelas bandas de música.

Moral da história: Nem tudo que lhe contam é verdade.

Lauro Trevisan

53 QUANDO DEUS QUIS EXTERMINAR O MAIOR MAL DA TERRA

Deus chamou o Querubim Chefe da Casa Divina e falou:

- Ouvi o clamou da Terra, que já não suporta tantos males e sofrimentos. Pega a carruagem do Profeta Elias, põe energia divina e vai à Terra. Ausculta as queixas dos homens e me traz encaixotado o mal que mais aflige a humanidade.

O Querubim desceu à Terra, visitou todos os povos, todas as culturas, todas as religiões, todos os sábios e viu que não havia consenso.

Pegou então uma amostragem dos maiores males, encaixotou-os e voltou para o Céu.

O veículo subia carregado de caixas, umas maiores, outras menores. Lá estavam empacotados o desamor, a violência, a depressão, o estresse, a miséria, o ódio, a injustiça, a fome, a solidão, o luxo, a soberba e outros males.

Ao chegar diante de Deus, Querubim estacionou a nave celestial e mostrou a Deus a carga que vinha trazendo.

O Criador avisou, desde logo:

- Só um mal pode ser eliminado dessa vez. Quero que seja o pior de todos. Reúna todos os Querubins e Serafins a fim de que selecionem a maior desgraça humana.

A assembléia foi barulhenta e animada. Cada qual tinha sua convicção. Uns queriam que acabasse o ódio, outros defendiam a tese de que devia ser eliminada a fome, outro grupo queria o fim da injustiça, assim por diante.

Deus escutava tranqüilamente a discussão.

Como não havia unanimidade, Deus resolveu se manifestar:

- O maior mal da humanidade é aquele que está naquela caixa lá no fundo da carruagem e se chama Ignorância. Esta é a mãe de todos os males.

Os anjos, arcanjos e toda a corte celeste bateram palmas demoradamente.

Lição: O desconhecimento de que a vida não é aleatória mas balizada pelas Leis Universais, que sempre se autocumprem, é a causa dos males e sofrimentos humanos.

54 O ESPETÁCULO DO NEGATIVO

O auditório do teatro estava lotado. Três mil pessoas. Todos aguardando ansiosamente a entrada do fa-

Lauro Trevisan

moso Negat Ivo, que ia contar a sua história de vida.

Nagat Ivo, já no camarim, de trajes escuros, cabelos desalinhados, rosto apertado que nem rato em guampa, um halo negro em torno dos olhos, do tamanho de um pneu, esperava a hora fatal.

Instantes depois, a campainha de aviso tocou e abriram-se as cortinas do palco.

Negat exclamou, apavorado:

- Ah, meu Deus, chegou a hora do matadouro!

Entrou de cabeça baixa, corpo atarrachado, deu um suspiro dobrado e começou, com voz úmida e rouquenha:

"Fui convidado para falar de mim. E vou falar mal, porque confesso desde já que não gosto de sujeito chato e deprimido como eu. Na verdade, eu deveria começar esta palestra tristológica traçando duas qualidades que adornam meu viver: Sou chato e triste, mais triste do que chato, talvez tão triste quanto chato, mas a ordem dos caixões não altera o defunto, como dizia meu avô.

Até hoje, só tive um momento de alegria e, graças a Deus, durou pouco, porque não há nada mais triste do que a alegria. Sou tão triste que, em casa, me chamam de Zé Chorão e, no emprego, me apelidaram de Maria Fungafunga. Meus amigos me chamam de Oceano Atlântico, porque sou amargo e só faço onda.

O médico me disse que minha vida está mais pra urubu do que pra beija-flor.

No outro dia, fui a um velório. O defunto, vendo minha cara pior que a dele, ficou com pena, levantou-se e me ofereceu o seu lugar. Só não aceitei porque sofro de

Historietas do Baú do Meu Coração

claustrofobia, não suporto lugar fechado. Mas respondi com a empáfia de um vivo:

- O defunto é você. Comporte-se como tal. Mantenha a compostura.

Minha tristeza andava tão cabeluda, que resolvi ir a um baile a ver se me divertia um pouco. Logo de cara, aproximou-se uma moça e me disse: "Concede-me a primeira dança?"

Respondi-lhe chateadíssimo:

"Pois não, concedo, pode ficar com ela, eu já vou embora mesmo!"

Quero confessar-lhes que passei a beber para afogar as mágoas, mas não adiantou nada, elas sabiam nadar. O pior de tudo é que, além de chato e triste, eu sou pessimista, qualidade de que me orgulho muito. Para mim, tudo vai mal e, se por acaso, alguma coisa melhorar, aí me sinto pior. Sou pior que limão azedo. Se me espremerem, dará limonada para a humanidade inteira, por dois séculos. Sou tão pessimista que choro todos os dias quando nasce o sol, porque vejo que o coitadinho tem que nascer todos os dias e ainda por cima é pelado e quente.

Sou tão pessimista que, quando alguém dá uma risada, me aproximo condoído e digo: Meus Pêsames!

Mas tem um detalhe: é verdade que sou pessimista e triste e chato, mas sou bom negociante, pois uns comentam por aí que me vendi ao diabo e outros afirmam que me vendi a Exu. Devo ser bom negociante para conseguir vender duas vezes essa porcaria que sou eu.

Eu sou tão triste e macambúzio, que, na semana passada, fui a um enterro e todo mundo abandonou o cai-

Lauro Trevisan

xão e pôs-se a chorar atrás de mim. O melhor é que queriam me enterrar no lugar do defunto. Só recusei porque minha tristeza não cabia naquele caixãozinho de nada.

Meu desejo é dar uma porrada na minha tristeza, porque choro de manhã, choro de tarde, choro de noite, choro até durante o choro. Choro tanto que me apelidaram de Casa de Pobre, que só tem goteira. Por falar em pobre, sou tão pobre, mas tão pobre, que os ratos saem da minha casa com lágrimas nos olhos. Não agüentam ver tanta miséria numa pessoa só. Olha, sou tão pobre, que como até pedra, mas isso perturba demais os vizinhos, porque, toda vez que entro no banheiro, eles gritam: "Desligue essa britadeira de uma vez!"

Pois é, meus ex-amigos, este é meu retrato falado, de corpo inteiro, ao vivo e a cores.

Vou terminar minha lenga-lenga lacrimosa, mas por favor, não batam palmas, porque me deixam mais triste ainda. Quando muito, joguem alguns tomates e ovos podres. Ser-lhes-ei eternamente grato, porque, além de receber o aplauso merecido, garantirei as refeições deste ano.

Desculpem se, em algum momento me portei alegre. É que ainda tenho muitos defeitos e, às vezes, procedo de forma inconveniente. Prometo, no entanto, tudo fazer para entristecer cada vez mais os meus dias.

Minha única alegria é a tristeza. E a vossa presença alegra minha tristeza.

Então, meus pêsames pela presença e obrigado pela próxima ausência. Tenho maldito!

Lição: Tem gente pior que você.

55 O CONFERENCISTA ALEGRE

Havia um homem muito alegre, conhecido como Feli Zardo Risadinha. Foi convidado a dar uma palestra no Teatro Risotônico.

No dia aprazado, Feli Zardo subiu ao palco espraiando um sorriso largo e comprido como o rio Amazonas.

E falou, suando de satisfação:

"Senhoras e senhores, fui convidado para falar de mim e vou falar bem, porque quem gosta de mim sou eu. Gosto tanto de mim que, no outro dia, me convidaram para uma viagem a Acapulco e eu respondi que só iria se fosse na minha própria companhia. É que sou a pessoa mais alegre do mundo e por isso adoro viajar junto comigo.

Lauro Trevisan

Sou tão alegre que meus colegas me apelidaram de Dívida Externa, porque minha alegria não tem fim e nem fundo. Sou tão alegre que, naquela vez que morri, os diabos me rejeitaram porque desmoralizo a classe e estrago o ambiente infernal. De fato, sou tão alegre e otimista que ao chegar na Receita Federal e ler o letreiro "Pague Seus Impostos Com um Sorriso", entrei sorridente, pagando com sorrisos sem fim, mas eles preferiram que eu pagasse com dinheiro mesmo. Sou tão sorridente que, quando morrer, quero este epitáfio: "Aqui jaz o único ser humano que não deu o último suspiro, deu o último sorriso".

Pois é, meus amigos, não há nada como um sorriso depois do outro e uma gargalhada no meio. Eu durmo rindo, acordo rindo, sonho rindo, como rindo e fico o tempo todo rindo da minha risada.

Não conheço nada mais alegre do que a alegria. Eu sou alérgico à tristeza. Alegria é meu pão de cada dia, pouco importa que seja o pão que o diabo amassou. Aliás, o riso é como sobremesa: é colírio para os olhos, gostoso para o paladar e a gente sempre acaba pedindo mais. Além de tudo, aprendi que rir é o melhor remédio: duas colheradas de riso curam até dor-de-cotovelo.

Bem, meus amigos, aqui termino deixando-lhes uma parte da minha alegria, que a outra levo comigo.

E fica aqui meu sorriso aberto, deslavado, destemperado, destravado e desapropriado. O riso é a festa da vida. Bom-riso pra todos. E até a próxima gargalhada.

Lição: Sorria para a vida e a vida sorrirá para você.

56 OS FILÓSOFOS E OS PÁSSAROS

Ia o ancião andando pela estrada em companhia de um amigo, quando comentou:
- Veja os pássaros voando alegres pelo céu.
- Como é que você, não sendo pássaro, pode afirmar que eles estão alegres?
- E como é que você, não sendo eu, pode afirmar que eu não sei que os pássaros estão alegres?
- Meu amigo, se eu, não sendo você, não posso saber o que você sabe, então você, não sendo pássaro, não pode saber o que acontece com os pássaros.
- Espere um pouco: vamos voltar ao assunto. Você me perguntou como é que eu posso saber que os pássaros estão alegres.
- Sim, como é que você sabe que os pássaros estão alegres?
- Se você disse como é que eu sei, deduzo que você admita que eu saiba que os pássaros estão alegres.
- Eu não estou admitindo, estou indagando.
- Pois eu sei que os pássaros estão voando alegres

no céu através da minha própria alegria.
Lição: Cada um vê o mundo através da sua mente.

57 SONHOS

Certa vez o lavrador Samuel Donet sonhou que um ancião lhe ordenava ir procurar um tesouro no jardim do palácio do Lorde Anthony Spir, a poucos metros da guarita do guarda. O homem Juntou seus parcos pertences e empreendeu longa viagem até o Palácio do Lorde.

Como no jardim havia um guarda fortemente armado, Samuel acampou por perto e todos os dias ia até o portão do jardim a ver se conseguia realizar seu intento, mas sempre havia aquele guarda a frustrar-lhe as intenções.

Depois de alguns dias, o guarda foi até o homem e perguntou se estava procurando algo ou esperando alguém.

Donet contou-lhe o sonho.

O guarda riu a bandeiras despregadas e disse-lhe:
- Eu não acredito em sonhos. Imagine que, uma noite, apareceu-me em sonhos um estranho personagem e disse-me para ir até a casa de um certo agricultor para

cavar e desenterrar um tesouro existente debaixo do fogão da cozinha do homem. Deu até o nome do homem. Lembro-me bem. Chamava-se Samuel, sim Samuel, no bairro Saint Louis, da cidade de Nevadas. Que besteira! Acha você que eu iria sair daqui, deixar o emprego, me abalar até a longínqua Nevadas e procurar um Samuel entre tantos que por lá existem?! Por causa de um sonho ridículo? Um mero sonho?!

E o Guarda ria-se a mais não poder.

Samuel Donet agradeceu as gentilezas do guarda e correu para casa, cavou abaixo do fogão e encontrou um grande tesouro, que lhe permitiu desfrutar a vida em abundância e prosperidade.

Lição: Não procure fora o que está dentro de você.

58 O GAROTO DA PANDORGA

O garoto se divertia soltando uma pandorga que subia, subia, a tal ponto que já nem mais era vista.

Lauro Trevisan

Certo filósofo, que perambulava por aí, tentando dirimir altas dúvidas sobre a existência de Deus, aproximou-se do pequeno e entabulou conversa:

- Vejo que você está feliz!
- Graças a Deus! – sorriu o garoto.
- Graças a Deus? Você acha que Deus existe?
- Claro! – respondeu o menino.
- Como você pode ter certeza? Você já viu Deus?
- Não vi, mas sei.
- É ignorância afirmar sem ter visto.
- Eu sinto.
- Não basta sentir para saber – filosofou o homem, envolto novamente em seus questionamentos interiores.

Depois de breve pausa, o filósofo voltou a si e perguntou interessado:

- Que é que você está fazendo?
- Soltando uma pandorga.
- Como você sabe que está soltando pandorga se não a vê?
- Não a vejo, mas sinto seus puxões.

Lição: Você não vê Deus, mas....

(Pandorga é o mesmo que pipa)

59 O ÚBERE DA VACA

Lá para as bandas de São Corcove, num certo domingo, reuniram-se à mesa do bar da esquina diversos criadores de gado.

Depois de alguns tragos para esquentar a massa encefálica, as histórias foram acontecendo. Todo mundo queria contar vantagem..

Um dos fazendeiros puxou duas baforadas do seu palheiro e começou:

- Pois é, eu tenho um cavalo tão inteligente, que, basta dizer "Vamos sair" e ele logo se coloca os arreios e dá uma relinchada de alegria. Monto nele, penso o destino e o bicho segue sem errar um metro sequer de estrada.

- Isso não é nada – adiantou-se outro fazendeiro, dono de quinhentos alqueires de terra. – No outro dia, descobri que meu cavalo de estimação sabe falar.

- É mesmo?! - espantaram-se todos.

- Nem lhes conto! Pura verdade. Querem ver uma coisa? Eu vou lá fora e ele vai me contar alguma coisa. Esperem só.

Dito isto, o fazendeiro foi até o seu cavalo, apro-

ximou seu ouvido da boca do animal e retornou ao grupo.
— E aí? - Perguntaram afoitos os companheiros. —
O que foi que ele disse ele?
— Disse: Como é mentiroso o cavalo do seu amigo!
Não fosse a intervenção de outro criador de gado, ia dar briga.
— Deixem-me contar a minha história. Não é bem história. É uma verdade verdadeira. Seguinte: eu tenho uma vaca com um úbere tão grande que chega a encostar na grama.
— Mas que grama alta tem o amigo! – exclamou o homem do cavalo falante.
Lição: Sempre há despeitados no pedaço. Não se perturbe.

60 O MOINHEIRO E A CONCHA

Havia um moinheiro cujo negócio ia de mal a pior. Moía farinha todo o dia, mas não conseguia progredir. Mal e mal dava para o sustento.

Certo dia, resolveu pedir a ajuda de Deus e implorou para que se compadecesse de sua triste sorte.

Deus ouviu seu pedido e disse-lhe:

- Vou dar-te uma mãozinha. Podes tirar uma concha de farinha de cada saco de trigo moído.

Tempos depois, Deus apareceu-lhe para saber como estavam seus negócios.

- Muito bem, Senhor. Já paguei todas as dívidas, comprei uma casa, tenho carro e consegui fazer férias na Europa.

- Só com uma conchada cada saco!? – não acreditou Deus.

- É verdade.

- Traga-me a concha, que quero ver – desconfiou Deus.

- Peço desculpas, mas não é possível trazê-la, Senhor.

- Por quê? – quis saber Deus.

- A concha não passa na porta.

Lição: Use, mas não abuse.

61 A FESTA REAL

Um rei mandou convidar todos os nobres da corte para um banquete.

Lá pelas tantas, chegou um homem mal-vestido, destoando completamente dos trajes coloridos e ricos da alta nobreza presente. Não lhe foi permitida a entrada, pois não estava à altura.

O homem voltou para casa, retirou do velho baú sua roupa principesca e foi à festa. Imediatamente foi cerimoniosamente recebido no palácio real e conduzido ao salão do banquete.

O homem parou num canto, colocou as vestes numas das elegantes cadeiras régias e foi embora, pensando:

- Quem foi aceito, na festa, não fui eu, mas minha roupa. Fique ela lá festejando a noite real.

Lição: Por baixo da roupa, todos estamos igualmente nus.

62 A ESTÁTUA DE OURO

Um grupo de aventureiros ficou sabendo que, no interior da Amazônia, havia uma estátua de ouro, criada por uma tribo indígena, dizimada ao longo do tempo.

De posse do mapa da região, os desbravadores enfrentaram a floresta. Passaram privações, fome, perigos, mas não desistiram.

Incendiados pela fascinação do ouro, da riqueza, da vida luxuosa, os homens seguiam em frente, com destemor.

Rios eram varados, onças e cobras surgiam ame-

açadoras, mas nada detinha os valentes homens.
Depois de longos dias de dureza e dificuldades, superando mosquitos e febres tropicais, finalmente a floresta ouviu o grito da vitória.

- Lá está! – explodiram em coro os aventureiros.

À medida, porém, que se aproximavam, a desilusão foi tomando conta deles e todos caíram em profunda prostração: a estátua media oito metros de altura, mas era de barro.

Retornaram a casa, com a pequena satisfação de terem encontrado a estátua, mas desolados por ser apenas de barro.

Nunca souberam que, por trás daquele barro, havia a verdadeira estátua de ouro.

Lição: Não julgue apenas pelas aparências.

63 A CASA INCENDIADA

Era uma casa muito bonita, com jardim florido, estatuetas da Branca de Neve e seus sete anões por entre

Historietas do Baú do Meu Coração

as folhagens, o sol entrando alegre pelas vidraças das janelas e as pessoas felizes no aconchego da lareira.

Um dia, tudo acabou. Devastador incêndio transformou em cinzas a linda casa dos sonhos.

Os moradores caíram em profunda depressão.

- Nunca mais, nunca mais! Tudo acabado! – exclamavam desolados.

A vida já não tinha mais sentido.

Foram morar junto de parentes, sob intenso tratamento com antidepressivos.

Um dia, o pai resolveu voltar à casa em ruínas e só o que viu foi o que restou de um porão obscuro, afundado sob os escombros.

Num ímpeto irresistível, meteu-se a limpar o porão e escavar o solo úmido, decidido a reconstruir a casa dos sonhos.

Na décima pazada, eis que bate numa panela de ferro repleta de barras de ouro.

A alegria foi imensa e nova fé brotou nos antigos moradores, que, logo, logo, se dedicaram a refazer a casa, com acomodações e condições muito melhores.

E viveram felizes para sempre, como nos contos de fada.

Lição: Não são as coisas que acontecem que perturbam e adoecem as pessoas, mas a interpretação que é feita a respeito dos acontecimentos.

64 O PORTAL DO PARAÍSO

Durante muito tempo uma mulher, de nome Deprí, jazia jogada num canto da vida, fixada nas desgraças da sua história.

Certa vez, quando mais bradava contra os céus que não lhe pouparam tamanhos sofrimentos, ouviu uma voz do Infinito avisando que ficasse atenta, pois o portal do paraíso passaria diante dela, impulsionado pela roda do tempo, e bastaria que ela saltasse para dentro do portal e logo sua vida se transformaria e seria muito feliz.

A mulher ouviu a mensagem e passou a fixar sua atenção na roda do tempo, para não perder a oportunidade de ver o portal do paraíso e saltar para o outro lado.

Passou um dia, passaram cinco dias, semanas, meses, e a mulher já não acreditava mais, achando que tudo não passara de alucinação.

Mas, uma voz interior dizia-lhe:
- Persiste!

Ela voltava a ter fé e continuava a acompanhar o girar da roda do tempo, sempre na expectativa de que aparecesse o portal do paraíso.

Não manteve, no entanto, por muito tempo esse propósito, cedendo à velha tentação de se aninhar nos sofrimentos e atribulações do passado.
E a roda do tempo girando.
Deprí queria permanecer com a mente ligada na roda do tempo, mas a força que a empurrava para o passado era forte.
Quando finalmente o portal do paraíso passou diante dela, seus olhos estavam voltados para trás, na fixação do seu passado ingrato, e se foi a grande chance da sua vida.
Lição: Olhe para frente, se quer mudar de vida.

65 A ESMOLA DO AGRICULTOR

O padre fez um emocionante sermão pedindo auxílio para a reforma da igreja e o agricultor depositou um

Lauro Trevisan

cheque de mil reais na bandeja.

No domingo seguinte, o padre procurou o agricultor apara avisar-lhe que o cheque não tinha fundo.

- Não tem problema – disse o agricultor. E preencheu outro cheque de mil reais.

Também era cheque sem fundo e o padre foi ter com o agricultor:

- Meu amigo, esse cheque também não tem cobertura bancária. Quem sabe, você me dá dez ovelhas em vez de um cheque?

O agricultor aceitou a idéia e no domingo seguinte o padre mandou leiloar as dez ovelhas.

Na segunda-feira, o agricultor foi ter com o padre e entregou-lhe um cheque.

- Mas, este cheque vem a propósito de quê?

- É que fui eu que arrematei as ovelhas no domingo passado.

Lição: Cavalo baldoso, olho nele.

66 O TURISTA E OS HOTÉIS

Ela resolveu fazer uma viagem turística às montanhas nevadas.

- Temos dois hotéis à escolha – explicou o agente. - Um no sopé da montanha e o outro à margem do lago formado pelas geleiras. Qual dos dois prefere?

- O outro.

- Como, o outro?! Só tem dois. Qual deles? O da

montanha ou o do lago?
- O outro, não entende?
- Não entendo, não senhora.
- Explico-me: se eu ficar no hotel da montanha, com certeza vou preferir o do lago. Se aceitar o hotel do lago, arrepender-me-ei de não ter optado pelo hotel da montanha. Compreendeu agora?
Lição: Difícil contentar os descontentes.

67 FELICIDADE DE FRUTEIRA

Vivia no interior de uma caverna um mestre e seu discípulo.

O mestre amanhecia sorridente, bom aspeto, trajado a gosto, rosto corado, olhos brilhantes. Tomava o lanche matinal com bom humor e saía a caminhar com o discípulo pelos contornos da montanha, apreciando as maravilhas da natureza.

O discípulo não podia compreender como o mestre optava por viver na rusticidade da caverna e ao mes-

Lauro Trevisan

mo tempo fazia questão de cultivar boa aparência.
- Mestre, tenho algo a lhe falar – ponderou o discípulo, numa dessas caminhadas. – Viver numa caverna é um modelo duro de vida, própria de asceta severo, desapegado de tudo, pouco ou nada ligado ao corpo e ao mundo exterior. Vim aqui esperando esse tipo de vida. Descuidei os cabelos, agredi o corpo, enruguei o rosto, sacrifiquei a gula, não me importei com as vestes rasgadas, encolhi os sorrisos e a alegria, por serem expressão de irresponsabilidade e de vida fácil. Mas vejo que o mestre age diferente. Como pode? Estou confuso.

O mestre sorriu um belo sorriso e ensinou:
- Homem feliz é como melão: o bom aspeto por fora mostra que está sadio por dentro.

Lição: Causa e efeito são inseparáveis.

68 CADA QUAL PUXANDO DEUS PARA O SEU LADO

Havia tanto desentendimento no mundo, que as religiões resolveram fazer um congresso a fim de se chegar a alguma conclusão.

Uma grande multidão assistia ao encontro mundial.

O primeiro orador saudou simpaticamente os demais líderes religiosos, mas defendeu sua religião com unhas e dentes. E disse que o mundo vai mal porque seu Deus, que é o verdadeiro Deus, não é ouvido.

Quando chegou a vez da outra religião, o supremo mandatário elogiou a idéia do congresso, porque assim tinha possibilidade de mostrar que sua religião é a legítima detentora da Verdade. E terminou convidando as demais religiões a deixarem de lado o seu Deus e voltarem-se para o único Deus, que era, sem dúvida, o Deus dele.

O seguinte líder espiritualista que subiu à cátedra, nem sequer saudou os demais e já foi metendo bala nas outras religiões, que vivem mergulhadas na ignorância e no mal, porque não adoram o Deus verdadeiro, que é o Deus da sua crença.

Já o Guia Espiritual que se seguiu, deu as boas vindas aos demais colegas, falou da maravilha desse ecumenismo, discorreu sobre a necessidade de se pregar o amor e concluiu que o único caminho para levar o mundo a Deus é o da sua religião, por isso insistiu a que todos abandonassem seus credos ilegítimos e se voltassem para o Deus que ele pregava.

- Em vão pregareis a vossa religião e defendereis o vosso Deus – começou, com voz tonitruante, o teólogo seguinte. – É lamentável que pastores, padres, bispos, guias religiosos, dobrem os joelhos a deuses de barro, numa profanação ao verdadeiro Deus, aquele que habita a minha religião, a única originária do Infinito, a única que recebeu a investidura divina. Convertei-vos, pecadores inveterados – conclamou o homem – antes que o Deus da Verdade e o fogo do inferno os queimem para toda a eternidade!

Os presentes se olharam constrangidos.

Foi então a vez de outro Chefe Supremo Religioso:

Lauro Trevisan

- Meus irmãos, escutei com atenção, amor e tolerância, as colocações que aqui foram feitas. Sou até simpático a todos os Deuses aqui defendidos com tanta devoção. Sou a favor de um ecumenismo amplo e irrestrito. Mas a voz do meu Deus me pede insistentemente para que lhes avise que o verdadeiro Deus habita apenas as igrejas da minha religião. Bem que eu gostaria de ceder um pouco do meu Deus para cada um dos senhores, mas a Verdade não é retalhável, por isso só me resta pedir, do fundo do meu coração, que aceitem minha religião como a única na qual Deus se expressa. Muito obrigado.

Enquanto o pregador descia do púlpito, um campesino levantou sua voz:

- Se Deus é um só e a mensagem é a mesma – o amor – então qual a razão da briga? Eu só queria entender.

Lição: Todo fanatismo é cego, surdo e mudo.

69 O SAMURAI

Esta história me contaram e dei algumas pinceladas.

Perto de Tóquio vivia um grande samurai, já idoso, que se dedicava a transmitir valiosos ensinamentos aos jovens.

Apesar de sua idade, corria a lenda de que ainda era capaz de derrotar qualquer adversário.

Certa tarde, um guerreiro, conhecido por sua total falta de escrúpulos, apareceu por ali.

O homem era famoso por utilizar a técnica da provocação: esperava que seu adversário fizesse o primeiro movimento e, dotado de aguda inteligência, detectava de imediato os erros do adversário, contra-atacando com velocidade e ferocidade fulminantes.

Jamais havia perdido uma luta.

Conhecendo a reputação do samurai, provocou-o, doido para derrotá-lo e aumentar sua fama.

O samurai aceitou o desafio, embora seus alunos se manifestassem completamente contra a idéia.

No dia e hora marcados, foram todos para a praça da cidade e o guerreiro começou a insultar o velho mestre. Chutou algumas pedras em sua direção, cuspiu seu rosto, gritou todos os insultos possíveis e imaginários, ofendendo inclusive os ancestrais até a quinta geração.

Durante horas, fez de tudo para atiçar o mestre, que permanecia impassível.

No final da tarde, sentindo-se já exausto e humilhado, o impetuoso guerreiro retirou-se.

Desapontados pelo fato de que o mestre aceitara aquela enxurrada de insultos, os alunos perguntaram:

- Como pôde o senhor suportar tanta indignidade? Por que não usou sua espada, mesmo sabendo que podia perder a luta, ao invés de mostrar-se covarde diante de todos nós?

O velho samurai respondeu com uma indagação:

- Se alguém chega a você com um presente e você não o aceita, a quem pertence o presente?

- A quem tentou entregá-lo – respondeu um dos discípulos.

- O mesmo vale para a inveja, a raiva e os insultos

– disse o mestre. – Quando não são aceitos, continuam pertencendo a quem os carregava consigo.

- Mas, o homem era extremamente agressivo – arrazoou um discípulo, indignado.

O samurai ensinou:

- Alguém só pode roubar a sua paz se você o permitir. Ninguém tem o poder de fazer você inferior sem o seu consentimento.

Lição: Você é o que pensa e não o que os outros dizem.

70 O LIVRO E O PAPEL

Havia um papel branco, límpido, sem uma mancha sequer.

Certo dia, seu dono o pegou nos vigorosos braços e o conduziu para uma velha máquina impressora, toda lambuzada de tinta.

- Por favor! - exclamou o papel. – Não me ponha nessa sujeira toda. Respeite minha origem, minha brancura, minha beleza.

O homem ficou surpreso com a fala do papel e tentou acalmá-lo:

- Não fique apavorado. Você vai transformar-se para melhor.

- Não, se eu ficar manchado, ninguém vai querer-me e serei jogado no lixo.

- Pelo contrário, você vai ser admirado, guardado em lugar especial e nunca será esquecido.

Historietas do Baú do Meu Coração

- Como poderão respeitar-me e guardar-me, com essa deformação escura que jogarão em cima de mim?
- Não é deformação. São letras de muito valor que você receberá.
- Valor?! Sujeira valoriza?
- Sim, você terá muito valor. As pessoas carregarão você com cuidado e carinho. Nunca irão desprezá-lo.
- Como é possível?!
- Claro, o papel terá o valor do conteúdo da escrita. Há papéis que contêm tudo que se passou no mundo até hoje; outros guardam receitas de boa saúde; outros são inspiração para uma vida feliz. Enfim, depois de passar pelos apertos da máquina, você receberá o amor das pessoas e terá muitos amigos fiéis.
- Posso confiar no meu amo?
- Pode. Com certeza.

E o papel, que antes era branco mas inútil, tornou-se mensageiro abençoado, carregado nas mãos, nos bolsos, nas pastas, acomodado à beira das camas, sobre as escrivaninhas, sempre admirado por tanta gente.

Lição: Se você nunca mudar, jamais experimentará o sabor de uma nova vida.

71 APERTOS DA VIDA

Sentados na área externa da casa, numa tardinha de verão, o casal conversava sobre problemas e dificuldades da vida.

Ele olhou para o azul do céu e comentou.

- Quantos problemas já tive que enfrentar! Puxa vida! Está na hora de levar uma vida mais mansa e tranqüila.

- Esse jeito de pensar não é muito correto – disse a esposa.

- E tem outro jeito? – perguntou ele, continuando a mirar as nuvens brancas que brincavam no azul das alturas.

- Claro. É pensar que não existem problemas, mas situações que, sejam quais forem, trazem resultados positivos.

- Até parece que você vive num outro planeta.

- O que eu quero dizer é que o que acontece a uma pessoa positiva, não é problema e nem sofrimento, mas caminho para resultados melhores na vida.

- Dá um exemplo – desafiou-a o marido.

- A cana.

- Que cana?

- A cana só se transforma em açúcar depois de passar por apertos.

- Essa é boa! – ironizou o homem, coçando a cabeça.

- E tem mais –completou a mulher. – No outro dia li, de Mark Twain, que aquelas pessoas que mais problemas tiveram de enfrentar, aprenderam sessenta ou setenta vezes mais do que os que não os tiveram. Isto pode servir de consolo.

- É! – resmungou ele, sem saber o que dizer.

Lição: O realista vê em cada calamidade uma calamidade. O positivo vê em cada calamidade um aprendizado. O otimista vê em cada calamidade uma oportunidade.

72 O CACHORRO BRIGÃO

Nos arredores de uma grande cidade, vivia um cachorro de rua, chamado Viralata, que sempre aprontava brigas.

Era tão metido que puxava encrenca até com os cidadãos daquele bairro. Já apanhara de porrete, mas não aprendera a lição.

A cachorrada da redondeza estava doida para dar-lhe uma surra histórica, a ver se aprendia a conviver com os colegas de rua.

Mas o Viralata não era de se intimidar.

Certa vez, uma cachorra, muito ponderada, foi ter com Viralata no intuito de mudar seu instinto violento.

- Meu caro Viralata, brigar não leva a nada – comentou ela.

- Leva a tudo – rosnou o cachorrão.

- Escute aqui. Pense bem: se você tem razão, por que brigar? E se você não tem razão, por que brigar?

O parrudo Viralata ficou sem resposta, porque, afinal, era violento mas não era burro.

Lição: Esteja de bem consigo mesmo e com os outros, que essa é a regra de ouro.

Lauro Trevisan

73 O SANTO

No dia da canonização do santo, houve muita festa, muitos discursos e sermões, muitos aplausos e muita alegria no meio do povo.

Oradores e autoridades cantavam louvores ao santo em prosa e verso.

Os poetas declamavam os arroubos de heroísmo e os feitos impressionantes do bem-aventurado.

A rádio local foi à praça entrevistar o povo.

- Com licença, minha senhora – começou o repórter, enfiando o microfone na boca da mulher – estamos fazendo uma pesquisa: Por que os santos foram santos?

- Bem – respondeu calmamente a mulher – porque foram alegres quando era difícil ser alegre, calmos quando era difícil ser calmo, pacientes quando tinham vontade de se irritar, agradáveis quando queriam ser desagradáveis, amáveis quando sentiam ímpetos de mandar às favas os chatos, generosos quando era melhor pensarem em si mesmos. Só isso. Tudo muito simples.

Lição: É nas coisas simples e banais da convivência diária que se revelam os verdadeiros valores.

74 O BANCO GENEROSO

Numa bela manhã, o Banco abriu as portas com uma forte e insistente campanha para atrair clientes: "Venha ao nosso Banco. Você é nosso cliente número um. Estamos de cofres abertos. Retire quanto quiser. Realize seus sonhos. Faça a sua vida. Chegou a sua vez. Estamos de portas abertas para recebê-lo".

O povo acorreu em massa, conseguindo empréstimos com a maior facilidade.

E todos saíam felizes da vida, com a bolsa cheia de notas.

Mas o tempo passou e chegou a hora de devolver o dinheiro com juros e correções especiais.

Aí a vaca foi para o brejo.

Não havia dinheiro para saldar os compromissos.

A aflição tomou conta das pessoas, que se atropelavam no saguão do Banco, sem saber como resolver a situação.

Foi aí que um devedor bem-humorado proclamou para quem quisesse ouvir:

- Dinheiro de banco é como pasta de dente: fácil de tirar, difícil de pôr de volta.

Lição: Ao dar um passo, avalie o tamanho das pernas.

75 O ADOLESCENTE E DEUS

Era um adolescente que não conseguia entender Deus, apesar de invocá-lo com freqüência, principalmente na hora das provas escolares.

Naquele dia, o adolescente estava refestelado no sofá, um pé na cadeira do lado, o outro grudado no teto e a cabeça quase surtando.

Lauro Trevisan

Estava de bronca com Deus.

- Oh, Deus! – exclamou ele. – Onde Você estava que não me deu uma mãozinha na prova de matemática? Será que Você existe de verdade? Se pelo menos me desse uma palavrinha, podia ser até uma tossida para dizer que está me ouvindo! Até agora não tenho certeza nem mesmo da sua bondade, da qual tanto me falaram. Sabe por quê? É que Você nunca me deu um dinheirinho, nem cinco reais. O que são cinco reais, só cinquinho? Pois é, nem isso Você me deu. Pelo menos, faça com que meus amigos paguem a boate pra mim. E aquela vez da prova final de geografia, por que não me ajudou a fazer com que o rio Nilo fosse afluente do Amazonas?! Como é que, desse jeito, Você quer que eu acredite em milagres? Mas ainda lhe dou uma chance: faça com que meu padrinho João me dê um par de tênis e a minha tia Noelisca pare de me encher o saco com seus conselhos. Outra coisa: se Você é legal mesmo, diga pro meu pai me deixar ir à boate nesse sábado, só nesse sábado, que daí prometo não lhe pedir mais nada. Agora, há uma coisa que quero que me leve a sério: faça com que minha mãe não me mande estudar e nem arrumar o meu quarto. Está bem? Tudo OK? Então, dê uma tossidinha, ou um risinho, nem que seja fungado, pra dizer que me ouviu e me atendeu. Tá bem? Pois então tô na escuta.

Infelizmente, até hoje aquele adolescente está esperando a tossidinha e a fungadinha de Deus.

Lição: "Ajuda-te, que te ajudarei" – disse Deus.

Historietas do Baú do Meu Coração

76 DEPOIS DA BAGUNÇA

De repente, não tão de repente, entra uma criança na casa, faz uma barulheira infernal, suja a roupa, choraminga, acorda na hora de dormir, dorme na hora de acordar, fica anos atormentando e aumentando sempre mais a barulheira e, tão de repente quanto chegou, vai embora deixando a casa vazia e silenciosa.

A tempestade se foi, mas você fica todos os dias olhando pela janela, com desejo incontido de que aquele temporal volte a acontecer.

Quanta saudade daquela zoeira e daquela bagunça que lhe tirava fora da paciência!

Aquelas lágrimas que fizeram você entrar em depressão, hoje você diz que até não tinham tanto motivo.

O silêncio da casa vazia está machucando mais você do que o furacão do seu filho.

Este vazio tem o tamanho de um abismo.

Você, então, entra no quarto e, tão escondida quanto antigamente, derrama algumas lágrimas, só que, dessa vez, são de saudade do barulho, da roupa suja, das risadas, das correrias pelas salas.

Lição: Seja qual for o momento da sua vida, extraia as coisas boas e desfrute-as. Cada dia é total em si mesmo. Cada dia contém a semente, a planta, a flor e o fruto.

Lauro Trevisan

77 A MULHER BRAVA

Ela era uma mulher destemida, forte, que encarava tudo como questão de vida ou morte.

Para cada situação, jogava a sorte nas suas forças, no seu poderio, na sua capacidade de resistência e ia em frente, como tanque de guerra, arrasando o que se metesse no seu caminho.

As pessoas a respeitavam e a olhavam com espanto e admiração.

Mas, a mulher cansou de tanta luta, de tantos obstáculos a superar, como se cada dia devesse matar um tigre para sobreviver.

E a heroína chegou a ponto de depor as armas, tomada de exaustão e estresse.

Até o dia em que um amigo, depois de ouvir as queixas e amarguras, disse-lhe: "Se você encara tudo como questão de vida ou morte, vai morrer muitas vezes e isso não é nada agradável".

Lição: Não são os acontecimentos que complicam a sua vida, mas a interpretação que você dá aos acontecimentos.

78 O HOMEM DE UMA SÓ PERGUNTA

Ele se chamava Chate Ado e fazia jus ao nome, porque vivia inconformado com tudo.

Para cada momento desagradável e para cada con-

Historietas do Baú do Meu Coração

tratempo, tinha sempre a mesma exclamação: "Por que eu?!"

Quando foi demitido, xingou em altos brados: "Por que eu?!"

No dia em que lhe roubaram o carro, dava socos na parede, berrando: "Por que eu?!"

Na semana passada, rebaixaram seu salário devido à crise na empresa e o homem não parava de brigar: "Por que eu?!".

Um dia, um sábio ancião ouviu-o esbravejar tantos "por que eu", "por que eu", que se aproximou penalizado do homem, com desejos de acalmá-lo:

- Compreendo sua desgraça, mas creio que você só tem direito de exclamar "por que eu" nas coisas ruins, se também exclamar "por que eu" nas coisas boas.

- Ah!

Lição: Não deixe que seus momentos difíceis ofusquem tantos momentos maravilhosos da sua vida.

79 OS DOIS ORADORES

O inteligente, fogoso e prolixo orador subiu à cátedra para explicar um teorema matemático e assim se houve:

"Quando, por conjunção dos arcanos cósmicos, o universo conspira para que tomemos o segundo algarismo da numerologia arábica, que aos olhos mortais assume a posição de orante ajoelhado e que, nos algarávios,

Lauro Trevisan

costumam chamar de DOIS e o juntarmos a outro orante ajoelhado, para fazermos a episódica soma, a fim de que as empíricas conexões dos neurônios determinem que a massa encefálica realize a elucubratória operação - teremos, por veraz conseqüência, o perene e inevitável resultado sinalizado pelo número que os sábios matemáticos denominaram quatro.

Enquanto o orador recuperava o fôlego, um gaúcho interiorano arrematou:

"Atacando o boi pelas guampas, essa chorumela toda quer dizer que dois e dois são quatro. E fim de papo, tchê!".

Lição: Seja simples, claro, breve, direto e sempre agradará aos ouvintes.

80 O PIANO

Era véspera do ano novo e a família resolveu colocar um piano na casa para alegrar a vida.

Quando o carro encostou na frente da vivenda, deixando o piano na calçada, as duas irmãs olharam para a alta escadaria e ficaram aflitas. Mas não havia outro remédio. Puseram mãos à obra e trataram de subir os degraus com o pesado móvel.

Já estavam na metade da escada, quando vários vizinhos acorreram para ajudar as duas irmãs.

Estava muito difícil a operação e não conseguiram avançar um degrau sequer apesar dos esforços.

Um dos vizinhos, então, encostou-se no corrimão

Historietas do Baú do Meu Coração

para descansar um pouco e exclamou:

- Puxa! Está complicado descer a escada com esse peso, não é mesmo?

As duas irmãs se olharam boquiabertas e desandaram numa incontida gargalhada.

- Pois, nós queremos levar o piano para cima! – avisaram em coro.

Lição: Quando você quer ajudar, veja que sua contribuição seja para o benefício das pessoas e não o contrário.

81 JULIE E SUA MÃE

A mãe de Julie não podia vê-la parada.

A três por quatro, ficava dando ordens e mais ordens:

- Julie, vá estudar! Julie, está na hora de ir ao Balé! Julie, guarda essas bonecas e vá limpar o quarto! Julie, meu amor, vá à igreja com a mana!

- Mamãe, tu não me deixas fazer nada daquilo que eu gosto!

- É que eu me preocupo com seu futuro, queridinha!

A menina olhou para a mãe e falou:

- Mamãe, tu te preocupas com meu futuro, mas esqueces o meu presente. Assim eu não vivo, porque não fico nem no futuro, que não existe, e nem no presente, que é aquilo que quero fazer agora. Vamos acertar essa coisa, mamãe?

Lauro Trevisan

A mãe enxugou as mãos no avental e voltou para a cozinha, pensando no que nunca havia pensado.

Lição: Prepare o futuro, mas a vida é hoje, aqui e agora.

82 O MOTORISTA E A ENCHENTE

O caminhoneiro foi seguindo pela estrada da mata até que, não conhecendo bem a região, parou diante de um caipira para pedir informação.

- Óia, o sinhô segue em frente até chegá num rio. O rio tá muinto alto. Temo enchente.

- E aí, como é que eu faço? – quis saber o motorista.

- Tem um segredo pra não afundá: é sabê tocá o caminhão sobre a água.

- Está bem, mas como é que vou dirigir o caminhão sobre a água sem afundar?

- Bem, pra passá pro outro lado sem afundá é só acertá a ponte.

Lição: A vida é muito simples e fácil: é só acertar o caminho.

83 O VENDEDOR DE CACHORRO-QUENTE

Esta história estou sacando dos meus velhos arquivos.

Certa vez, um homem resolveu colocar um qui-

Historietas do Baú do Meu Coração

osque para a venda de cachorro-quente. Comprou o equipamento, comprou pão, maionese, mostarda, salsicha, lingüiça e começou a vender.

O negócio ia de vento em popa. Comprava cada vez mais pão, salsicha, mostarda, maionese, lingüiça e vendia mais e mais cachorros-quentes.

Com o resultado das vendas, melhorou sua casa, deu escola para os filhos e até conseguiu pagar a Faculdade de Economia, na Capital, para o seu filho mais velho.

Um belo dia, retornando de mais um ano acadêmico, o filho pôs-se a examinar, do alto dos seus conhecimentos econômicos, o negócio do pai. Via-o comprar cada dia quantidades maiores de pão, salsicha, lingüiça, maionese, mostarda e ficou extremamente preocupado.

Chamou o pai e explicou-lhe gravemente:

- Pai, a situação econômica do país não está nada boa. A crise é geral. Ninguém tem dinheiro. Os negócios estão sendo reduzidos. As indústrias estão demitindo. O comércio não anda. Enfim, todo mundo se queixa, até o Governo.

- Sim, meu filho, sei que você está se doutorando em Economia e sabe das coisas. Que devo fazer?

- Olha, acho bom o senhor maneirar um pouco. Não faça grandes compras. Diminua o estoque, encurte o tamanho do cachorro-quente, enfim vá devagar, segurando na retranca o mais que puder, porque o momento está mais para urubu do que para colibri.

O pai ouviu os sábios conselhos do filho, doutorando em Economia, e tratou de comprar menos pão, menos salsichas, menos lingüiças, menos maionese e

Lauro Trevisan

menos mostarda. Conseqüentemente , vendeu naquele dia menos cachorros-quentes.

Isto foi um alerta para o velho.

Precavendo-se da situação, comprou ainda menos pão, menos salsicha, menos lingüiça, menos mostarda, menos maionese.

No fim do dia, viu que vendeu menos cachorros-quentes.

Se cada vez vendia menos, logicamente devia comprar menos. Isso lhe tinha ensinado o filho, doutorando em Economia.

De tanto comprar menos e vender menos, acabou fechando o quiosque.

Chamou o filho e disse-lhe:

- Realmente, você tem razão. A situação está ruça. Cada dia passei a vender menos, a tal ponto que tive de fechar o meu negócio de cachorro-quente. Ninguém tem dinheiro. Não sei aonde é que vamos parar.

Lição: Acredite que ninguém está comendo dinheiro e nem o está fumando. Siga em frente com o mundo e seu progresso prosseguirá.

84 O HOMEM DOS TRINTA DIAS

Havia um empresário que tinha o método de contratar pessoas por trinta dias, nada mais. Pouco importava se eram competentes, produtivas ou se havia muito trabalho. Era trinta dias e ponto. Sem discussão.

Ficou anos e anos agindo na base dos trinta dias.

Não havia argumento que o fizesse manter funcionários por mais tempo. Trinta dias. Nem um dia a mais. Nem um minuto. Trinta dias.

Um dia, o homem morreu e foi bater à porta do céu.

São Pedro examinou atentamente o livrão da vida, franziu os cenhos, somou, multiplicou, diminuiu, até chegar ao veredicto:

- É, vejo que devo deixar você entrar no céu...

Sem esperar que São Pedro terminasse de falar, o homem foi logo agradecendo e pegando suas coisas para entrar.

- Só por trinta dias – arrematou São Pedro.

Lição: O que se faz aqui, repercute lá.

85 A PEDRA QUE SE TORNOU PRECIOSA

Havia uma pedra, suja e encarquilhada, que vivia incrustada numa rocha.

Um belo dia, acordou sendo espremida e triturada por um certo metal.

-Deixe-me em paz! – implorou a pedra. – Não me maltrate. Eu não fiz nada de mal.

O metal olhou sorridente para a pedra e acalmou-a:

- Tenha só um pouquinho de paciência e vou mostrar-lhe a sua verdadeira grandeza.

Ao terminar o trabalho, a pedra percebeu seu brilho, sua luz, sua preciosidade e seu fascínio. E ficou feliz com a transformação.

Lição: Descubra o tesouro que existe dentro de você.

86 A GREVE DO CORPO

Lá pelas tantas, o coração entrou em crise e avisou:
- Estou cansado, não trabalho mais.
Ouvindo isto, o estômago também proclamou:
- Não agüento mais servir de tubo de passagem de coisaradas o tempo todo. Estou de greve.
O fígado derramou a bílis e todo seu mau humor:
- Parei de trabalhar. Não tenho férias, não tenho salário, sou explorado. Chega.
Fechou a porta e proibiu qualquer passagem.
Ao ouvir isso, os rins se uniram para lançar um manifesto em nome da sua instituição. Resultado: aposentaram-se compulsoriamente.
O cérebro tentava manter o bom senso, mas já sofria com a falta de irrigação sanguínea e resolveu aderir ao boicote geral.
Os pulmões perderam o fôlego de tanto gritar que nunca mais iriam bombear ar, como escravos.
Os intestinos, por sua vez, aproveitaram para se queixar duramente de que estavam fartos de serem lixeiros do corpo e proclamaram falência total.
O resto do corpo entrou em pane e ninguém mais se entendia e nada funcionava.
Aos poucos, a gritaria foi silenciando, os órgãos começaram a pedir socorro, todo mundo berrou pra todo

Historietas do Baú do Meu Coração

mundo começar a funcionar, porque assim não dava mais para viver. Todos estavam desesperados, à beira do colapso total, num sufoco insuportável.

– Ligue a máquina, por favor! – pediam, em coro, ao coração, que, já nas últimas, buscou forças para recomeçar seu trabalho.

Um a um, os órgãos se solidarizaram diante do infortúnio e voltaram a dar o melhor de si para que o corpo se revitalizasse e lhes desse bem-estar.

Lição: Pense duas vezes antes de agredir a si mesmo, aos outros e à natureza, porque somos unidade.

87 OS DOIS DO CONTRA

José e Josafá eram irmãos gêmeos, mas, ao contrário do que costuma acontecer, viviam sempre brigando. Não conseguiam se entender em nada sobre nada.

Quando um elogiava alguma coisa, o outro criticava.

Se Josafá dizia que sorvete é gostoso, José contradizia afirmando que era muito gelado, sem graça e prejudicial.

Se José aplaudia o espetáculo que ambos assistiam, Josafá respondia que era a maior droga que já tinha visto na vida.

Certa vez, o pai, desafiou os dois:

– Aqui temos duas garrafas de água. O primeiro que beber toda a água, poderá escolher uma destas duas deliciosas sobremesas.

José bebeu que nem desesperado e terminou por primeiro. Mas ficou impassível.

- Pronto, José, você ganhou a corrida da água, pode escolher a sobremesa.

- Agora não. Vou deixar que o Josafá escolha a sobremesa, porque eu vou querer a dele.

Lição: Pense a sua verdade, mas respeite a do outro.

88 O PREÇO DO PERFUME DA FLOR

Certa vez, existia um jardineiro que cultivava um belíssimo jardim.

Percorria as cidades e a campanha à procura de espécies exóticas e estranhas para acrescentar ao seu belo jardim.

Vasculhava as matas em busca de flores desconhecidas para dar mais atração ao seu maravilhoso jardim. E vendia a preços altos cada muda dessas plantas.

Havia um pobre homem que, todos os dias, escorava-se na cerca do jardim e passava horas se deliciando com o perfume que as flores exalavam.

O dono do jardim, irritado, levou o pobre coitado às barras do tribunal para que o juiz o obrigasse a pagar severa indenização por aproveitar-se do perfume das suas flores.

O juiz perguntou ao homem quanto dinheiro tinha no bolso.

- Apenas algumas moedas.

Historietas do Baú do Meu Coração

- Dê-me essas moedas – determinou o juiz.

O proprietário do jardim estava feliz da vida.

Então, o juiz tilintou as moedas diante do agricultor.

- Está ouvindo o tilintar das moedas?

- Sim, senhor juiz – respondeu o jardineiro, de olho no dinheiro.

- Muito bem, então está pago. O ruído das moedas acabou de pagar o perfume das flores.

Lição: Avareza e mesquinhez não devem habitar o coração humano.

89 O LEÃO E O RATO

Vivia, na selva, um leão muito feroz, nervoso e soberbo.

Nenhum bicho se arriscava aproximar-se do agressivo e violento animal.

Certa vez, pisou forte num espinho, que se encravou fundo na sua pata, deixando-o paralisado de dor. Por mais que se empenhasse em caminhar, o espinho piorava seu sofrimento.

Sentado à beira do rio, o leão deplorava seu triste destino.

Um ratinho, que perambulava por lá, ouviu os gemidos da fera e se acercou com muito cuidado.

- Oh, meu querido ratinho, veja a minha desgraça! Um espinho entrou na minha pata e não consigo caminhar. Por favor, ajude-me!

Lauro Trevisan

- Tenho pena de você e posso ajudá-lo – falou o ratinho, sem chegar muito perto. – Mas você vai prometer não me fazer mal.

- Juro por Deus que jamais tocarei em você.

- Está bem – confiou o ratinho.

Sem perda de tempo, o rato roeu o espinho, livrou o leão do terrível mal e foi-se embora.

Algum tempo depois, o descuidado ratinho ficou preso numa armadilha. Estava condenado à morte. Não havia como rebentar as tramas da armadilha. E lamentava a triste sorte em altos brados.

De repente, atraído pelo chiado agudo do rato, surgiu um leão, disposto a resolver a refeição do dia.

- Tenha compaixão de mim – suplicou o rato. – Livra-me desta presilha.

- Compaixão?! – ironizou o leão, lambendo os beiços.

Ao aproximar-se mais, o leão percebeu, surpreso, que era o ratinho que o livrara do espinho. Então, deu duas vigorosas patadas na armadilha e libertou o rato, que saiu feliz da vida.

Lição: A gratidão é uma das mais valiosas qualidades.

90 O LENHADOR E O MACHADO

Havia um lenhador, que morava lá para as bandas da Floresta Brava.

Todos os dias, percorria o seu roteiro pela mata, a

fim de fazer lenha das árvores secas e caídas. Assim, sustentava a família.

Certo dia, desapareceu seu machado.

- Roubaram meu machado! Que vergonha! Meu único instrumento de trabalho!

Pôs-se a andar pelas redondezas a ver se descobria o ladrão.

Lá pelas tantas, passou diante de sua casa um vizinho apressado e o lenhador pensou:

- Veja só, o homem está tão envergonhado que nem olhou para mim. É o ladrão.

Mal tinha chegado a essa conclusão, quando cruzou por ele um homem que morava na boca da floresta.

O lenhador olhou-o atentamente e fez uma descoberta:

- Pelos olhos e pelo rosto, vejo que é este o ladrão do machado. Olhos desviados, rosto pálido - é ele.

À tarde, foi ao povoado e descobriu que a mulher do carvoeiro olhou-o de esguelha e desapareceu.

- Agora sei, foi ela! – exclamou com seus botões.

– Claro que foi ela.

Mas, seguiu seu caminho, até a venda, onde ia comprar machado novo.

Lá chegando, ficou surpreso quando um velho carpinteiro, mal o viu, saiu porta afora e sumiu.

- Com certeza, esse é que está com meu machado, caso contrário não teria se mandado sem mais nem menos.

Comprou machado novo e voltou para casa, decidido a retomar sua atividade.

Lauro Trevisan

Foi à floresta e, para sua surpresa, lá estava seu machado fincado num velho tronco. Havia esquecido o instrumento quando parou para o lanche, no final da jornada.

Lição: Ao desconfiado, todos parecem culpados.

91 A JOVEM E SEUS PROBLEMAS

Na esquina da Praça Paris, vivia uma família, cuja filha, uma jovem de 17 anos, vivia cheia de problemas. Mas, a culpa era dos outros.

A mãe era responsável pelas roupas que não gostava; o pai era culpado pela sua gastrite; o professor era a causa de suas más notas escolares; o namorado era o fator da sua irritabilidade; a vida era madrasta porque não lhe dava chances de sucesso; o vizinho, com o rádio a toda altura, era o estopim de seu nervosismo; enfim, ela se sentia a maior vítima da humanidade.

Certa vez, queixava-se amargamente a uma colega por não ajudá-la a superar tantas desgraças e injustiças, que se abatiam sobre seus ombros frágeis e cansados!

A amiga, já um tanto impaciente, respondeu-lhe:

- Ontem li uma significativa frase de Rudiard Kipling, que dizia o seguinte: "Arranje problemas, se é disso que você gosta, mas nunca os transfira para os outros".

A jovem levou um choque e saiu pensativa.

Lição: Você é o único autor da sua própria vida.

Historietas do Baú do Meu Coração

92 O MAIS LONGO DOS DIAS

O mais longo dos dias foi aquele em que o pregador chegou ao púlpito e passou a discorrer sobre toda a história da Igreja.

Iniciou com Jesus Cristo, percorreu os apóstolos e seus seguidores, foi discorrendo sobre os Padres da Igreja, depois enfrentou os leões do Coliseu e entrou na história do Imperador Constantino, que deu liberdade aos cristãos.

Na frente, sentado num dos bancos, um douto teólogo acabou pegando no sono.

Lá pelas tantas, seu secretário, bastante constrangido, acordou o teólogo, que, sem se virar, perguntou:

- Onde é que ele já está?

- Em Santo Agostinho, ano 350.

- Então, me acorde daqui a mil seiscentos e cinqüenta e dois anos.

E continuou seu sono bem-aventurado.

Lição: Pense não só no tema, mas também nos ouvintes.

93 A FAMÍLIA DOS MEDOS

Era uma família interessante.

O bisavô andava a cavalo, mas tinha medo de caminhão. O avô andava de caminhão, mas tinha medo de avião. O pai adorava andar de avião, mas tinha medo de

Lauro Trevisan

andar a cavalo. O tio gostava de trem, mas entrava em pânico quando saía a pé. E o rapaz que contava essa história, gostava de andar a pé mas tinha medo de viajar de trem. A vizinha, que ridicularizava o medo do rapaz, se apavorava ao ver um gato preto. O guarda da vila gostava de gato preto, mas fugia de lagartixa. O sobrinho criava lagartixas, mas tinha horror de ratos. A cunhada brincava com ratos mas desmaiava ao ver uma barata.

Lição: Antes de rir do medo dos outros, procure o seu.

94 OS POMBINHOS APAIXONADOS

Eram dois pombinhos apaixonados.

Fizeram o ninho na grimpa de um eucalipto e, lá do alto, contemplavam embevecidos as águas do rio descendo mansamente, as flores conversando entre si em colóquio de felicidade e as matas convivendo em paz e harmonia.

De manhã, ao nascer do sol, abriam de par em par a janela do ninho e beijavam-se, enquanto eram envolvidos pela luz cálida do astro-rei.

Todas as noites eram noites de sonho. A lua banhava de luares românticos a copa do eucalipto e enchia de prazer os dois pombinhos felizes.

No fragor da paixão, pouco importava se tinham alimento ou não. Isso era para seres inferiores. Para eles, o céu. Para os outros, o resto.

Assim passavam os dias, na mais afetuosa

Historietas do Baú do Meu Coração

cumplicidade.

Viverem meia hora afastados era uma tragédia insuportável.

Certo dia, porém, a pomba reclamou da falta de comida e o pombo respondeu que, se tivesse fome, que fosse à procura de alimento. Ele não estava a fim. À noite, a pomba já não suportava o cheiro agreste do companheiro e este mandou ela cuidar da vida dela e pentear as penas tão desalinhadas.

- Por que você é nervoso? – perguntou ela, bastante magoada.

- E por que você me chateia? – retrucou ele, com indisfarçável inquietude.

Os atritos foram crescendo tanto que os dois resolveram procurar a Coruja a fim de resolver esse conflito.

- Nós éramos tão felizes! – suspirou a pomba.

- Nós éramos tão apaixonados! – acrescentou o pombo!

A coruja sorriu complacente e ponderou:

- Vocês perceberam que houve mudança na vida. Já foi um passo importante. Até aqui, viviam sob o impulso da paixão e tudo era paraíso. Mas, infelizmernte, a paixão acaba depois de certo tempo e a de vocês esgotou-se. Sem o véu da paixão, os dois apareceram como são na verdade, com seus defeitos e qualidades. Com seus tiques e toques. Estão, como percebem, diante de uma nova situação. Agora, vocês vão decidir se aceitam o segundo estágio do casamento, que é o cultivo do amor, da vida a dois, do respeito mútuo, da alegria comum, ou se preferem separar-se. Dou-lhes dois dias para pensarem. Depois de amanhã nos veremos.

O casal voltou para casa e, sorrindo um para o outro, se abraçaram e decidiram começar o melhor da vida, como os melhores amigos do mundo.

Lição: Paixão é como antibiótico, tem prazo de validade.

95 A ESCALADA DO EVEREST

O grupo decidiu-se a escalar o pico do Everest.

De nada adiantou os pais e amigos tentarem dissuadi-los. Até mesmo um veterano escalador foi até ales para mostrar-lhes as dificuldades terríveis que aconteceriam em meio às possíveis tempestades de neve e à falta de oxigênio nas alturas.

Ninguém lhes cortou o barato.

Só pensavam no prazer da escalada, na excitação da aventura, no sonho incontido, na admiração assustada dos amigos e na glória de fincar no topo a bandeira da vitória. Aí seria o delírio.

Viajaram com seus equipamentos, chegaram ao primeiro acampamento, seguiram em frente, uniram-se a outros grupos, curtiram o sonho que se aproximava a olhos vistos e finalmente chegaram ao topo, em dia nublado, ameaçando nevar. Foi a glória.

O frio terrível não os assustava. Tinham conseguido. Eram mais do que os outros pobres mortais sobrevivendo na planície ignara.

- Atenção! – gritou o mais experiente. – Vamos

Historietas do Baú do Meu Coração

descer imediatamente, que está para vir uma forte nevasca. Além disso, não temos muito oxigênio e a noite não tarda.

- Bobagem! – exclamaram os amigos escaladores.
– Temos que curtir esse momento. É tudo tão lindo. Não há frio e nem ameaça que nos tire esse prazer. .

O guia deu o último aviso:

- Descer imediatamente ou correrão risco iminente de vida. Acompanhem-me.

Vários acompanharam o guia, mas alguns se quedaram no cume desfrutando o momento único.

Quando a tempestade se abateu, com violência inusitada, os primeiros já estavam no acampamento e os outros nunca mais foram vistos.

Lição: Não permita que a fumaça da glória ofusque a razão.

96 OS DOIS IRMÃOS

Esaú e Jacó eram dois irmãos. Não os bíblicos, mas viventes desse testamento.

Esaú era complicado, difícil, enrolado e só via barreiras diante de si.

Se, porventura, o pai determinasse um trabalho especial, de pronto ele exclamava: "Não vai dar".

Jacó era o contrário. Gostava de desafios e fazia o possível e o impossível para realizar a tarefa.

Ele não acreditava em impossíveis.

Quando lhe disseram que o possível se faz na hora e o impossível só demora um pouquinho mais, ele concordou plenamente.

Lauro Trevisan

Se o mandassem cravar uma bandeira no pico do Itatiaia, não perguntava onde ficava esse pico, a quantos quilômetros, se tinha neve, se precisava levar algum equipamento. Ia ele mesmo buscar nos livros, nos entendidos, na internet, no centro turístico de Itatiaia, as informações necessárias para o sucesso da missão.

Certa vez, o pai chamou Esaú e, depois de dar uma incumbência desafiadora, perguntou:

- Você pode?

- Não posso! – respondeu de imediato Esaú.

E não fez.

Mais tarde, o pai chamou Jacó e propôs-lhe a mesma tarefa, perguntando:

- Você pode?

- Claro que posso! – afirmou o jovem com convicção.

E foi lá e fez.

Lição: Se você acha que pode ou se acha que não pode, de qualquer maneira você está certo. Quem acha que pode, pode. Quem acha que não pode, não pode.

97 LÁ E AQUI

Havia um homem, chamado Lá, que fazia jus ao próprio nome.

Ele nunca se sentia satisfeito.

Tudo era, para Lá, muito distante, fora de alcance.

A felicidade estava lá, não nele.

O amor estava lá.

O prazer estava lá.

O sucesso estava lá.

A motivação estava lá.

O carinho e o abraço estavam lá.

Quanto mais ele tentava aproximar-se dos seus desejos, mais para lá ele os jogava. Por isso, nunca conseguia nada.

No outro lado da rua, por coincidência, morava um homem chamado Aqui. Era muito feliz, porque tudo dava certo para ele.

Ele sabia que o amor estava aqui, com ele; que a felicidade estava aqui, ao alcance do seu coração; que o prazer estava aqui, clamando por ele; que o sucesso estava aqui, batendo à sua porta; que a motivação estava aqui, dentro dele; que o carinho e o abraço estavam aqui, nele.

Aqui sentia o prazer de viver, porque sempre estava onde a alegria da vida estava.

Lá e Aqui estão procurando amigos para compartilharem a vida. Qual deles você escolhe?

Lição: A distância entre Lá e Aqui faz a grande diferença.

98 GRAVIDEZ POR QUANTIDADE

Era uma adolescente muito retraída. Tinha enorme dificuldade de se enturmar com as colegas.

Compensava essa carência com a prática da religião, não faltando às missas e reuniões paroquiais.

Às vezes, sentia ímpetos sexuais, próprios da idade, mas sua timidez a impedia de buscar esclarecimentos.

De mais a mais, as pregações sobre a fealdade pecaminosa dos contatos sexuais deixavam-na sem condições para qualquer tipo de conhecimento sobre o assunto.

Um belo dia, a menina-jovem apaixonou-se por um rapaz e então os conceitos e preconceitos viraram a cabecinha dela ao avesso.

Era uma paixão curtida a mil.

Até que, lá pelas tantas da vida, ela ficou grávida.

Quando seus pais tomaram conhecimento, a menina explicou que sua gravidez era um fenômeno inexplicável, pois tinha transado só uma vez.

- Minha filha – disse-lhe a mãe – a gravidez não tem a ver com quantidade. Basta uma relação no período fértil e pronto.

-Bah! – exclamou a menina.

Lição: A ignorância é a mãe dos erros.

99 O MENINO E A ESTRELA

Era um menino muito sonhador. Tinha veia de poeta.

Passava horas, à noite, a contemplar as estrelas, imaginando-as como viageiras do universo, fadas celestiais, companheiras distantes de jornada.

Ele tinha uma estrela muito especial, numa ponta

Historietas do Baú do Meu Coração

do firmamento, com a qual conversava longamente.

Seu desejo maior era chegar até aquela estrela amiga e abraçá-la, dialogar com ela, saber da vida dela.

- Oh, estrelinha amiga! – disse ele, certa noite. – Como eu gostaria de estar contigo!

Para seu assombro, a estrela respondeu:

- Tu já estás comigo e eu contigo. Desde a noite que me viste, eu entrei no teu coração e a distância desapareceu. Se eu não estivesse em ti, não me verias.

Naquela noite, o garoto dormiu em paz, envolto em lindos sonhos.

Lição: Quando existe amor, a distância desaparece.

100 O REI E O MONGE PEREGRINO

Era uma vez um monge peregrino, muito pobre, desapegado de bens terrenos.

Portando apenas uma panelinha, para a comida de cada dia, seguia ele pelos caminhos da vida, filosofando e orando ao Criador.

Acampava em qualquer lugar e, alheio ao desconforto, sabia que sacrifícios e renúncias lhe somavam dividendos para o Infinito.

Seu prazer era a meditação, a oração, o contato com o Ser Supremo.

Certa vez, ouviu falar que, no alto da montanha próxima, havia um palácio habitado por um rei muito sábio.

Lauro Trevisan

Animado com a possibilidade de colher ensinamentos desse rei sábio, acelerou o passo e chegou ao palácio real no início da tarde.

Foi muito bem recebido pelo rei, travando com ele longas considerações sobre a vida, Deus, o universo, o ser humano, o Além.

Como a noite ia alta, o rei convidou-o a hospedar-se em seu palácio e mandou preparar-lhe o aposento principesco dos hóspedes oficiais.

Ao abrir a porta do aposento, o monge sentiu-se ferido na sua espiritualidade de pobreza e resolveu dormir no jardim, tendo como cama apenas o gramado e por travesseiro uma pedra.

A certa altura da noite, desabou inesperada tormenta e um raio caiu fulminante sobre o palácio, incendiando-o totalmente.

De manhã, o rei saiu a ver os estragos do incêndio, com a paz de quem não se abate diante da adversidade.

O monge estava desesperado à procura da sua panelinha.

- Majestade – implorou ele angustiado – peça para seus súbditos me ajudarem a encontrar minha panelinha. É a única coisa que tenho. Preciso dela para a comida de cada dia. Não posso ficar sem minha panela. Esse é o meu tesouro. Por favor, majestade! Não posso viver sem a minha panelinha!

O sábio rei quedou-se pensativo e reconheceu uma vez mais que pobreza e riqueza são estados mentais. Mais apegado aos bens materiais pode estar alguém possuidor apenas de uma panela do que um rei vivendo em luxuoso palácio.

Lição: Sirva-se dos bens materiais, mas não os sirva.

101 AS MÃOS

O Filósofo aproximou-se dos estudantes e perguntou para que servem as mãos.

- Para pegar as coisas – responderam, em uníssono.
- Não servem para nada – corrigiu o mestre.
- Como assim?! – exclamaram os alunos, desconfiando da sanidade mental do homem.
- Em si mesmas, não servem para nada. Se retirassem as mãos de uma pessoa, fariam elas alguma coisa por si mesmas? Abraçariam alguém? Bateriam em alguém? Seriam diferentes das mãos de uma boneca?

Os jovens estavam perplexos.

O Filósofo continuou:

- O que faz as mãos agirem e reagirem é a mente. Elas nada mais fazem do que obedecer ao comando mental. Se um homem soquear alguém, quem está soqueando é, em última análise, a mente do agressor. Se suas mãos abraçarem uma pessoa, são as mãos que estão abraçando ou é você? Quando você der a mão a alguém, o mérito não é da mão e sim da sua mente, determinada por você. O mérito é seu. Em vão estaria você condenando as mãos por puxarem o gatilho da arma contra um ser humano. A

Lauro Trevisan

justa e correta sentença cairia sobre você. As mãos são neutras: farão o que a mente do indivíduo ordenar. Você é sua mente. O abraço mental produzirá o abraço físico. Cultive estado mental positivo, agradável, amoroso e suas mãos reagirão de acordo. Agora, digam para as mãos cumprimentarem o colega do lado e mentalmente não permitam. As mãos permanecerão inertes.

Os estudantes olharam para as mãos e sorriram.

Lição: Quando você cultivar mente positiva, as mãos e o corpo acompanharão submissamente.

102 O TELEFONE

A alta cúpula da empresa estava festejando a inauguração de moderno complexo tecnológico.

Depois de muitos estudos, projetos altamente sofisticados, cursos especiais, modernização dos métodos para agilizar o atendimento ao cliente, finalmente passou a funcionar o SISTEMA NOTA DEZ DE ATENDIMENTO TELEFÔNICO.

Foi quando aconteceu o desejado primeiro telefonema, precisamente às oito horas da manhã. Era de um senhor chamado Diógenes.

Antes do atendimento, Diógenes teve que ouvir um minuto de musiquinha xarope, depois três minutos de explicação sobre as modificações internas e, por fim, aquela voz metálica, vinda de dentro de uma nave espacial, completando:

- Por favor, estamos com a linha ocupada nesse

Historietas do Baú do Meu Coração

momento. Queira, por gentileza, ligar para o número 333.08765. 24 44.

Diógenes de imediato fez a ligação solicitada, ouviu mais dois minutos daquela musiquinha infernal e, a seguir, a voz vinda do planeta Marte, dizendo:

- Se o seu assunto é compra, por favor ligue o mesmo número e acrescente o final 211, para conectar o ramal competente.

Diógenes já estava perdendo a paciência. Mas cumpriu a solicitação. Ligou, com raiva, quase arrancando os números do telefone.

De novo, a desgraçada musiquinha de dois minutos e, então, a voz eletrônica:

- Esta secção hoje não funciona. Por gentileza, ligue para o número 333.08765.24.44.

Diógenes teve a sensação de que era o número que tinha ligado. E era. O homem teve um faniquito. Não sabia se quebrava o telefone ou se ia tratar pessoalmente com aquela camarilha de torturadores. Mas precisava fazer o negócio e tentou novamente a sorte. Ligou.

Surgiram a famosa musiquinha e as mesmas palavras.

Quando Diógenes se viu metido num círculo vicioso, jogou fora o telefone e saiu em disparada.

Enquanto isso, na sala do diretor, todos os heróicos executivos comemoravam, com champanhe importado, os avanços da tecnologia informática na empresa.

Lição: Se não houver um ser humano dedicado, atencioso, inteligente e competente por trás, a mais alta tecnologia não deixará de ser burra.

Lauro Trevisan

103 OS DOIS LOUCOS

Dois loucos foram tomar banho de chuveiro, um com roupa e tudo, o outro de guarda-chuva aberto.

- Por que você está tomando banho de guarda-chuva? – perguntou o primeiro.

- Porque esqueci de colocar o carro na garagem. É importante guardar o carro na garagem, pois evita depredações e furtos. Imagine você o transtorno que dá saber que o carro foi roubado. Uma loucura! E você, por que está tomando banho de roupa?

- Porque ontem choveu. Segundo o serviço metereológico, quando o tempo está para chuva, sobe a umidade relativa do ar e as pessoas devem se precaver para evitar resfriados que, conforme a situação do sistema imunológico, pode complicar a saúde.

E os dois loucos fizeram de conta que se entenderam.

Lição: Será que, às vezes, a sua resposta não tem nada a ver com a pergunta?

104 O AUTOANALISTA

Um dia, o Autoanalista foi criticado acerbamente e acusado de mil coisas.

- Isso eu nunca fiz! – defendeu-se ele.

Os anos se passaram, muita água rolou debaixo da ponte e, como é natural, o Autoanalista faleceu.

Historietas do Baú do Meu Coração

Diante do caixão, onde ele jazia empacotado como manda o figurino, o mestre de cerimônia tomou a palavra e teceu grandiloqüentes elogios às qualidades e valores do defunto.

O Autoanalista, mesmo defuntado, analisou as festejadas virtudes e pensou:

- Isso eu nunca tive!

Lição: Não se perturbe e nem se engrandeça com o que dizem de você.

105 O LIVRO

Honofre estava de aniversário e ganhou de presente um livro.

O jovem olhou para aquele amontoado de folhas alinhadas, cheias de letras, e não conteve sua decepção:

- Um livro! Ora, um livro! Não podia ser outra coisa?! Que é que vou fazer com isso? Que chatice! Agüentar o presente de um livro é dose para mamute!

Desconsolado, Honofre jogou o livro num canto e foi fazer a vida.

-Engraçado!- pensou o livro. – Engraçado mesmo! Não gostou de mim. Isso que eu sou muito legal: não incomodo, não falo, não reclamo, não desobedeço, não retruco diante de xingações, não saio do lugar onde me coloca, não peço dinheiro, não faço refeições, não fico doente. Sou amigo leal, silencioso, estou aí nas horas de solidão, aceito ser manuseado, riscado, rasgado. Pode jogar-me num canto, como me fez há pouco, e, mesmo assim, não declaro guerra e nem vou ao Juizado de Pequenas Causas. Suponhamos que ele tivesse ganho um rádio. E aí? De repente, o aparelho não funciona porque faltam pilhas, pára de transmitir o jogo porque as pilhas estão gastas, emite descarga insuportável quando mais precisa de nitidez, a emissora desaparece quando menos espera. Um caos. E se fosse uma mulher? Teria que dar atenção, carinho, compreensão, generosidade, ouvir queixas, desabafos, ameaças e coisa e tal.

Comigo a vida é muito simples e fácil. Não quero julgar as outras coisas, mas garanto que eu sou muito legal. Até mesmo admito, sem retrucar, que negue minha essência e meu conteúdo.

Cansado, o livro adormeceu.

À noite, Honofre chegou em casa e, como não tinha compromissos e estava sozinho, pegou o livro e fez dele a sua agradável companhia da noite.

- Viu?! – sorriu o livro consigo mesmo.

Lição: Com livros, você nunca estará sozinho.

106 O FORMIGÃO SAÚVA E A ÁRVORE

Numa floresta, havia um grupo de formigas, suadas até pelos cotovelos, em torno de uma planta que necessitavam transportar para o ninho, mas não conseguiam de jeito nenhum.

Cinqüenta formigas nem mexeram a planta. Nem cem formigas tiveram êxito. Chamaram mil companheiras e a planta permanecia rígida no solo.

Historietas do Baú do Meu Coração

As formigas estavam desistindo da empreitada quando resolveram consultar o sábio Formigão Saúva, famoso por sua capacidade de resolver dificuldades.

Formigão Saúva atendeu ao pedido e foi até a planta, onde uma multidão de formigas estavam reunidas.

O Dr. Saúva olhou o tamanho das formigas, a quantidade de operárias e mediu, com o olhar, o tamanho e o peso da planta.

Por fim, deu a resposta:

- Amigas, aqui vale a sabedoria latina que aprendi dos meus bisavós, que moravam num formigueiro dentro da Biblioteca Universitária: "Divide et ímperat". Quer dizer: divide e vencerá. É verdade. Nada é impossível e nem difícil se for dividido em partes. Chamem as formigas serradeiras e serrem a planta em pedacinhos. Assim, poderão levá-la ao ninho.

Dito e feito.

Lição: Não se preocupe com o tamanho e nem com a quantidade, Nada é impossível e nem difícil se for dividido em partes.

107 O INVÓLUCRO

Apareceu um pequeno invólucro, saído de uma região fechada.

Era coberto por um tecido especial, quase cor de areia.

Seu interior encerrava um mistério, que teria de ser desvendado, com o tempo.

Lauro Trevisan

Segundo os cientistas, o invólucro continha um enigma. Talvez aí estivesse a chave da felicidade, a alquimia do bem-viver, quem sabe até uma grande invenção capaz de mudar os caminhos da humanidade.

Os filósofos acorreram a ver o misterioso invólucro e concluíram que dentro dele havia alguma verdade ainda não revelada, mas que, ao longo dos anos, haveria de ser conhecida.

Alguns investigadores examinaram o conteúdo do invólucro e perceberam que continha certos hieróglifos de gerações passadas.

A curiosidade era grande.

Com certeza, não fora por nada que o destino fizera aparecer essa misteriosa matéria, fechada em si mesma, como se fosse um meteorito caído de algum planeta distante. Tinha que ser portadora de uma mensagem muito importante, que muitos acreditavam ser de esperança.

As primeiras pessoas que viram essa pequena mas ainda insondável coisa estavam muito felizes e emocionadas. Tinham certeza de que era prenúncio de amor e felicidade. Por isso, se arrogaram o direito inalienável de ficar com o invólucro e acompanhar os acontecimentos.

Embora não soubessem quanto tempo duraria, todos alimentavam uma grande expectativa e começaram a cuidar e a acompanhar a evolução dos fatos com muito amor e dedicação.

Os anos foram se sucedendo e esse ser ganhou nome, se desenvolveu e todos souberam que não era coisa, mas ser vivo

Esse enigma, vindo não se sabe de onde, com a

missão de ficar algum tempo nesse planeta e depois partir para não se sabe aonde - é Você.

Lição: Você já descobriu seus próprios segredos, enigmas e mistérios?

108 O GUERREIRO

Sarandon era um bravo guerreiro.

Certa vez, acordou sobressaltado, ansioso, de punhos fechados, pronto para enfrentar dois inimigos ameaçadores.

Preocupado com esses inimigos, não tinha paz, sofria de insônia, se alimentava mal, tomava calmantes.

Como fantasmas, os inimigos não paravam de acuá-lo.

Tomado de incontrolável ira, Sarandon pegou a espada e foi à luta contra esses perigosos inimigos, sempre desafiadores.

Avançou bravamente contra o primeiro, mas não conseguiu abatê-lo, porque o inimigo recuava sempre que o guerreiro chegava perto para a estocada fatal. O lutador corria para pegá-lo, mas em vão.

Sarandon resolveu então atacar o outro inimigo, que o perturbava demais.

Empunhou a espada e avançou decidido contra esse inimigo. Por desgraça, este adotava a estratégia contrária à do outro: corria para frente e, por mais que o guerreiro se esforçasse por agarrá-lo, ele estava sempre algumas braças adiante.

Lauro Trevisan

O espadachim estava perplexo. Nunca vira inimigos adotarem tais estratégias. Um recuava, outro corria à sua frente.

Cansado de tanto persegui-los, Sarandon resolveu desconsiderá-los, esquecê-los e viver a sua vida, que isso é que lhe interessava.

Lição: Se você luta contra o passado e o futuro, deixará de viver o presente, que é o único que existe.

109 O FILHO E SUAS IDÉIAS

Naquela noite, o filho mais jovem voltou para casa com os neurônios fervilhando. Ouvira algo muito forte, que mexeu com suas crenças e com seu estilo de vida.

Os pais e irmãos notaram que o jovem já não era mais o mesmo. As idéias que ele proclamava como verdades caídas do céu, não fechavam com o modo de vida da família.

Depois de discussões, desentendimentos e conflitos, os pais e irmãos começaram a se afastar do jovem e a afastá-lo do seu convívio, como ovelha negra.

Não o respeitavam mais, não lhe davam atenção, tiraram-lhe os espaços, cortaram a mesada e, por fim, o expulsaram de casa.

O rapaz não sabia aonde ir. Fora de casa, estava passando fome, mas a raiva da família não podia admitir ter em seu meio alguém que pensasse o que ele pensava.

Certo dia, a irmã mais nova, de 19 anos, foi ter com o mano, viu o estado desolador em que se encontrava e teve muita pena.

Sentou-se num tronco do bosque e meditou longamente:

- Há uma verdade esquecida nesse drama: ele continua sendo nosso irmão. Continua um ser humano, vindo ao mundo na nossa casa. Continua sendo alguém. É o mesmo ser que nasceu dos nossos pais e viveu conosco até pouco tempo.

Voltou para casa, reuniu a família e falou:

- Nós rejeitamos as idéias do mano. Tudo bem. Mas, rejeitando as idéias, rejeitamos também a pessoa. Nisso estamos equivocados. Ao jogar fora a água da bacia, jogamos fora também a criança!

Seguiu-se demorada reflexão entre os familiares.

Um dia depois, o jovem retornava a casa, sem transtorno da paz e da harmonia, pois, quando há respeito mútuo, a convivência agradável é preservada.

Lição: Ao rejeitar uma idéia, certifique-se de que está rejeitando apenas a idéia.

110 A TARTARUGA E O CAPACETE

Na reunião mensal, a tartaruga desandou a falar sobre os males da vida:

- Pois é verdade: a vida a dois é insossa, sem graça, intolerável. Imaginem vocês o que é conviver com companheiro parado, quieto, que não fala, não mostra

Lauro Trevisan

amor, não tem sentimentos, não colabora, péssimo desempenho sexual, insensível, duro, não se ofende e não reclama mas também não elogia e não reconhece nada! Não me falem em felicidade de casamento, por favor, que isso não existe.

A bicharada estava assombrada com a descarga emocional da tartaruga.

No mês seguinte, nova reunião e a tartaruga pediu a palavra:

- Amigas e amigos! Desconsiderem o que eu disse no mês passado.

Os bichos estavam boquiabertos.

A tartaruga continuou:

- Há duas semanas, eu resolvi consultar a Águia Oculista, porque não enxergava muito bem. A Dra Águia me receitou óculos de lentes e então percebi que há muito tempo eu estava convivendo com um capacete de soldado.

Lição: Seu casamento, ou sua vida, não sofrem de miopia?

111 O AVARENTO

O homem vivia para o dinheiro, com o dinheiro e pelo dinheiro.

Seu cérebro não tinha neurônios, apenas cifrões.

Levantava alta madrugada e batalhava o dia inteiro para aumentar seu patrimônio.

Historietas do Baú do Meu Coração

Tudo que ganhava, ia para o cofre. Tudo. A esposa e os filhos passavam necessidade, mas nada recebiam, porque era preciso guardar, guardar e guardar.

O homem não comia banana para não botar fora a casca.

Vivia miseravelmente, mas não gastava.

- O futuro é incerto – avisava ele.

Um dia, sempre tem um dia, o homem adoeceu, não se tratou para não gastar e acabou ouvindo do médico a sentença fatal:

- Meu caro, seu corpo está em colapso. Não tem volta. Vai morrer. O coração está por um fio, os pulmões estão uma calamidade, o estômago é uma úlcera só e o resto está pior ainda. Prepare-se. É só o que posso lhe dizer, infelizmente.

No dia seguinte, já nas últimas, o homem chamou a esposa e os filhos e, com esforço supremo, falou:

- Vou morrer, por isso recolham todo o meu dinheiro e coloquem no meu caixão. Eu ganhei, eu guardei, eu levarei comigo.

Dito isto, morreu.

Os familiares, embora contrariados, resolveram obedecer.

Recolheram todo o dinheiro do banco e dos empréstimos e trataram de cumprir o último desejo do falecido. Mas não foi possível, porque descobriram que caixão não tem gavetas.

Lição: Da vida se leva apenas a vida que se leva.

Lauro Trevisan

112 A MÚSICA

De repente, um homem surdo começou a ouvir uma música fantástica, inebriante, grandiosa, dentro de si.

Sem que ele soubesse de onde e nem de quem, a música vai ganhando vida no seu cérebro. Então, o homem sentou-se à mesa e passou a rabiscar febrilmente bolinhas, pontos, bandeirinhas, pontes sobre uma cerca de cinco arames desenhada no papel.

Algum tempo passado, o homem morreu.

Mesmo centenas de anos depois, se alguém pegar aquele papel, ou cópia do mesmo, olhar aquelas garatujas e mandar um grupo de pessoas empunhar pedaços de madeira em forma de violino, violoncelo, piano, metais afunilados e executar aqueles rabiscos, como milagre da vida acontecerá uma grandiosa sinfonia de Beethoven, aquela mesma que ele, surdo, ouviu no íntimo da sua alma.

Lição: Ser humano, maravilha das maravilhas!

113 VERIFICAÇÃO DIVINA

Deus chamou o anjo Gabriel, seu fiel mensageiro, e disse-lhe:

- Pega a carruagem do Profeta Elias, desce à Terra e me traz modelos humanos de amor. Quero ver como estão se havendo com o esquema que tracei para a humanidade.

Gabriel veio à Terra, percorreu todos os continen-

Historietas do Baú do Meu Coração

tes à procura de modelos de amor e então levou, à presença do Criador, um padre, um pastor, um guia espiritual, um teólogo, um professor bíblico e um rabino.

-Você trouxe roupas e títulos, meu caro Gabriel – sorriu Deus. – Olha o coração, se tu queres trazer verdadeiros modelos de amor.

Gabriel compreendeu que só tinha se importado com as vestimentas, os títulos e a profissão. Sabia que nessas pessoas podia haver belos modelos humanos de amor, mas não podiam ser recrutados apenas pela análise exterior.

Enquanto retornava à Terra, chegou a uma conclusão sobre o modelo de amor e tratou de pôr em prática.

Pouco depois de aterrissar, cumpriu a missão e já arrancou de volta para o Céu, na expectativa de que Deus concordaria com sua escolha.

Quando encostou a carruagem de fogo à porta do Palácio Divino, Deus olhou para dentro do veículo, viu uma criança muito feliz abraçada ao anjo, sorriu e disse:

- Foste inteligente, Gabriel.

Lição: O reino dos céus e do amor está em quem carrega coração de criança.

114 OS DOIS IRMÃOS E A VIDA

Os pais estavam admirados do comportamento dos seus dois filhos. Um deles, de 16 anos, tinha o vezo do pessimismo, ao passo que a filha, de 12 anos, era muito otimista.

O rapaz seguia a Lei de Murphy ao pé da letra: "Se uma coisa pode dar errado, com certeza dará".

Dizia ele:

- Todo barbante cortado na medida exata é sempre mais curto. Se tentar abrir a porta com um molho de chaves, é a última que abrirá. Se deixar cair o pão com manteiga, cairá com a manteiga para baixo. A todo tecido cortado na medida certa, com certeza faltará um pedaço. Depois de um dia de chuva, é sempre segunda-feira. No dia em que árvore produzir dinheiro, o mundo será um deserto. Todo sapato comprado no número certo, é sempre apertado demais.

Já a mana, com seu estilo de vida alegre e bem-disposto, era otimista imperturbável. Nota baixa na escola era a certeza de passar de ano. Aranha na parede era dia de receber notícia alegre. Se o mano dissesse que a porta ia abrir com a última chave do molho, ela começava de trás para diante. Qualquer derrota significava sucesso futuro na certa. Se lhe jogassem um limão na cara, fazia gostosa limonada.

Um dia o pai resolveu testar os dois filhos. Para ele, deu uma bicicleta e para ela apenas um chapeuzinho de boneca.

O rapaz se queixou amargamente do presente, que era muito perigoso, difícil de andar, a cor horrível, os pedais muito duros, o guidão pior do que guampa de vaca, uma porcaria sem sentido.

A garota, ao ver o chapeuzinho, sorriu de alegria, preparou uma caminha muito bonitinha e perguntou para o pai: "Onde é que está a boneca? Olha aqui o chapeuzinho. Ninguém me engana. Eu sei que ganhei uma linda boneca!"

Lição: A vida é o que cada um pensa que é.

115 O CORREDOR

Luzardo era um jovem que adorava correr. Seus pais, no entanto, o impediam, porque o rapaz tinha problemas de musculatura, uma perna mais curta, o calcanhar do pé esquerdo enrijecido e, para completar, era de compleição franzina e delicada.

Mas ele adorava correr.

Os pais tentavam dissuadi-lo, acenando para outros esportes.

Mas, Luzardo adorava correr.

O pai, do alto de sua autoridade, insistia:

- Meu filho, infelizmente esse esporte não é para você. Você não tem condições.

Mas o mocinho adorava correr. E respondeu:

- Pai, já estou treinando para a competição da cidade. Deixe-me tentar. Eu me sinto bem. Eu adoro correr.

O pai ficou silencioso, pensando no vexame que o filho ia dar na corrida oficial da cidade. E pensou também que a decepção poderia abalar a estrutura psicológica do seu garotão

Chegou o dia da corrida.

Os pais nem foram ao local, para não fazer o filho sofrer mais ainda com o fracasso. O que poderia fazer um jovem com problemas de musculatura, calcanhar endu-

Lauro Trevisan

recido e uma perna mais curta, em competição com atletas fortes e perfeitos?

Ao retornar da competição, Luzardo correu para casa:

- Pai, adivinha o que aconteceu?

O pai tinha certeza que o filho fora o último da corrida.

- Ganhei a taça!

E mostrou-a, muito feliz.

O pai sorriu, com grande contentamento.

- Que bom que tiveram consideração com você. Afinal, não era justo competir em igualdade. Quantas braças de vantagem lhe deram?

- Que nada! Corremos em pé de igualdade. A vantagem que eu tive foi ter que me esforçar mais do que os outros.

Lição: Pode quem pensa que pode.

116 O CACHORRINHO

Era um lindo dia primaveril.

Clarita, de dois aninhos, brincava no pátio, carregando água no seu pequeno regador e molhando um pé de roseira.

Feito isto, sentou-se no seu banquinho a brincar com sua boneca preferida, a Lequinha.

O alegre cachorrinho Bili corria pelos cantos da casa, acolhido ora pelo pai, ora pela mãe, sempre a sacudir o rabinho em festa.

Historietas do Buú do Meu Coração

Bili era a alegria de todos. Tinha seu lugarzinho na casa, comidinha gostosa, água limpinha e era protegido contra os cães da rua.

Bastava que o pai ou a mãe ou o irmãozinho estivessem sentados e lá ia correndo Bili acampar no colo de alguém, que lhe fazia carinhos, passava a mão nos pelos, botava o dedo na boquinha, enfim divertia-se a valer com o animado cãozinho.

Clarita também gostava muito do Bili e sempre brincava com ele.

Certa vez, estavam todos reunidos na sala e o pai perguntou à Clarita:

- Filhinha, o que é que você gostaria de ser?

- Eu gostaria de ser o Bili – respondeu ela, na candura dos seus dois aninhos.

- Por quê? – surpreendeu-se o pai.

- Porque ele está sempre no colo do papai, da mamãe, do maninho, e todos abraçam, acariciam e fazem festa para ele. Isso é tão legal!

Lição: Se não puder ser mais, pelo menos dê tanta atenção ao filhinho quanto dá ao cachorrinho.

117 O CAMINHO É A VIDA

Dois filósofos discutiam fervorosamente sobre suas idéias.

O primeiro era adepto da Quandosofia. E afirmava de boca cheia:

- O melhor da vida está no quando. Quando cres-

Lauro Trevisan

cer, farei sucesso; quando terminar os estudos, serei profissional competente; quando começar a trabalhar, vou ganhar muito dinheiro; quando casar, serei feliz; quando meus filhos saírem de casa, vou viajar e desfrutar a vida; quando me aposentar, me dedicarei a fazer tudo que gosto, sem horário e sem compromisso.

O outro era fiel à Sesofia.

E explicava:

-Sesofia é a filosofia do SE. É o melhor sistema de vida - dizia ele - porque evita choques frontais com a existência. Tudo não passa de SE. Se eu tivesse estudado, seria rico; se tivesse casado, seria feliz; se tivesse um carro, viajaria muito; se ganhasse bom dinheiro, teria casa confortável; se morasse na capital, viveria melhor...

Fazia parte da reunião um outro filósofo, que, depois de ouvir a ambos, apresentou a sua tese existencial:

- O se e o quando não existem e, por isso, geram ansiedade e sofrimento. Este instante da vida é o grande e único momento. Não é a estação final que importa, mas o instante da viagem. É preciso olhar pela janela da alma e do coração para desfrutar a paisagem, porque o comboio passa e não retorna jamais. Não se caminha para atingir a vida. O caminho é a vida. E a vida é uma festa, aconteça o que acontecer.

Lição final: Celebre este momento. E todos os momentos. Porque são milagres que merecem ser festejados.

Lauro Trevisan

ÍNDICE

Contando Histórias 5
A Mídia Entrevista Deus 7
As Férias do Homem 9
Vinte e Quatro Horas de Vida 12
As Duas Flores 15
Discursos 16
Os Caminhos da Raiva 17
O Elefante e a Abelhinha 18
O Rei Poderoso 20
A Fada Brincalhona 21
O Herói Miguelito 23
O Pavão e o Espanador 24
O Condenado 25
Quando o Amor Esteve por Aqui 27
Os Habitantes da Caverna 29
O Colar 30
Paz na Estrada 31
O Terremoto 32
A Compaixão 33
Relembranças 34
O Andarilho 35
O Homem e São Pedro 36
Confusão dos Diabos 37
A Montanha Falante 38
A Buganvília 40
O Homem mais Sério do Mundo 42
O Mais Feliz dos Animais 44
O Chateado 45

Historietas do Baú do Meu Coração

Quando Deus Fez o Homem e a Mulher 47
A História da Águia 49
O Comprador de Gente 52
O Relógio Angustiado 55
As Gêmeas 57
O Moço Que Queria um Empreguinho 58
O Forasteiro 59
O Filósofo 61
A História do Monge Solitário 63
O Homem da Enchente 65
O Cavalo Sábio 67
O Homem que Segurava a Defunta 68
O Leão Pregador 69
Tornando-se Deus por Meia Hora 71
O Segredo do Tesouro 74
O Rei e a Morte 75
São Francisco e o Burrinho 76
O Judas de Leonardo da Vinci 77
O Segredo 78
O Pedaço de Carne 82
O Tesouro Escondido 83
O Caminho Errado 84
O Monge e o Escorpião 85
A Filosofia do Riso 86
Coisa de Louco 87
Quando Deus Quis Exterminar o Maior Mal da Terra 89
O Espetáculo do Negativo 90
O Conferencista Alegre 94
Os Filósofos e os Pássaros 96
Sonhos 97
O Garoto da Pandorga 98
O Úbere da Vaca 100

170

Lauro Trevisan

O Moinheiro e a Concha 101
A Festa Real 103
A Estátua de Ouro 104
A Casa Incendiada 105
O Portal do Paraíso 107
A Esmola do Agricultor 108
O Turista e os Hotéis 109
Felicidade de Fruteira 110
Cada Qual Puxando Deus para o Seu Lado 111
O Samurai 113
O Livro e o Papel 115
Apertos da Vida 116
O Cachorro Brigão 118
O Santo 119
O Banco Generoso 119
O Adolescente e Deus 120
Depois da Bagunça 122
A Mulher Brava 123
O Homem de uma só Pergunta 123
Os Dois Oradores 124
O Piano 125
Julie e Sua Mãe 126
O Motorista e a Enchente 127
O Vendedor de Cachorro-quente 127
O Homem dos Trinta Dias 129
A Pedra que se Tornou Preciosa 130
A Greve do Corpo 131
Dois do Contra 132
O Preço do Perfume da Flor 133
O Leão e o Rato 134
O Lenhador e o Machado 135
A Jovem e Seus Problemas 137

Historietas do Baú do Meu Coração

O Mais Longo Dos Dias 138
A Família Dos Medos 138
Os Pombinhos Apaixonados 139
A Escalada do Everest 141
Os Dois Irmãos 142
Lá e Aqui 143
Gravidez por Quantidade 144
O Menino e a Estrela 145
O Rei e o Monge Peregrino 146
As Mãos 148
O Telefone 149
Os Dois Loucos 151
O Autoanalista 151
O Livro 152
O Formigão Saúva e a Árvore 153
O Invólucro 154
O Guerreiro 156
O Filho e suas Idéias 157
A Tartaruga e o Capacete 158
O Avarento 159
A Música 161
Verificação Divina 161
Os Dois Irmãos e a Vida 162
O Corredor 164
O Cachorrinho 165
O Caminho é a Vida 166

IMPRESSÃO:

Santa Maria - RS - Fone/Fax: (55) 222.3050
www.pallotti.com.br
Com filmes fornecidos.